見て遊んで楽しく覚える！

よくわかる！

日本の都道府県

第2版

これが日本だ！ 全国マップ

日本はいったい、どんな形をしているの？ はしっこはどうなっているの？
全国マップで、確かめてみよう。

島がたくさんあって、山が多い。これが日本のすがただ。

日本は、ユーラシア大陸の東側にある国。北海道、本州、四国、九州というおおきな島や、南西諸島、小笠原諸島などの、ちいさな島でできているね。日本には、6852もの島があるんだ。地図の茶いろいところは山だよ。本州を中心にして、全体的に山がちなのも日本のとくちょうだ。

ユーラシア大陸

中部

中国地方

近畿地方

四国地方

九州地方

東シナ海

南西諸島

台湾

西のはしっこ
与那国島
（沖縄県）

南のはしっこ
沖ノ鳥島
（東京都）

フィリピン

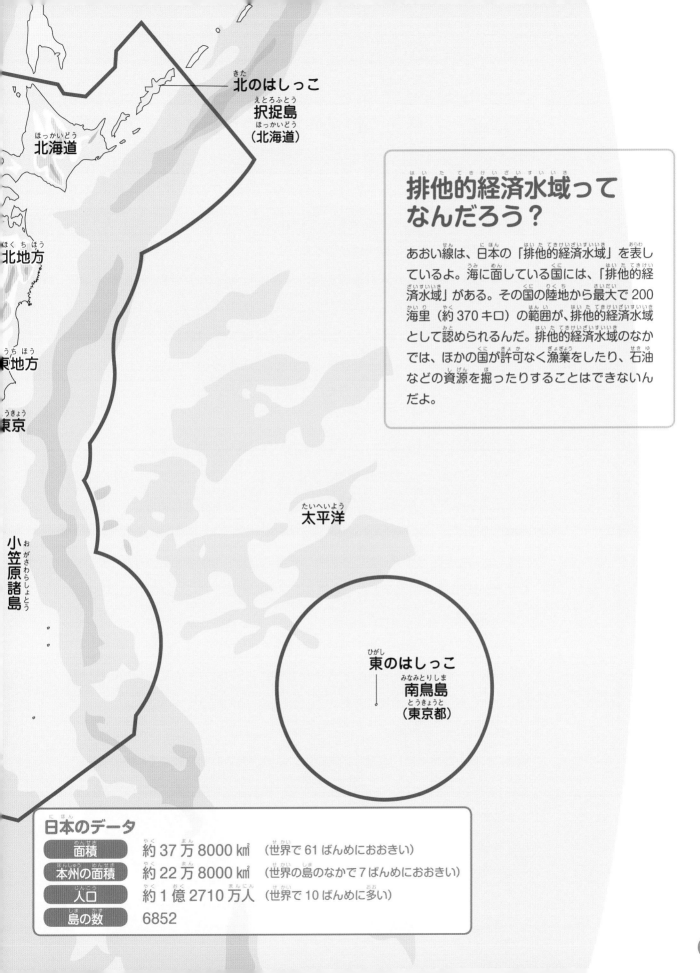

北のはしっこ
択捉島（えとろふとう）
（北海道（ほっかいどう））

北海道（ほっかいどう）

北地方（ほくち ほう）

東地方（とう ち ほう）

東京（とうきょう）

小笠原諸島（お が さ わらしょとう）

太平洋（たいへいよう）

排他的経済水域って なんだろう？
（はいたてきけいざいすいいき）

あおい線は、日本（にほん）の「排他的経済水域（はいたてきけいざいすいいき）」を表（あらわ）しているよ。海（うみ）に面（めん）している国（くに）には、「排他的経済水域（はいたてきけいざいすいいき）」がある。その国（くに）の陸地（りくち）から最大（さいだい）で200海里（かいり）（約（やく）370キロ）の範囲（はんい）が、排他的経済水域（はいたてきけいざいすいいき）として認（みと）められるんだ。排他的経済水域（はいたてきけいざいすいいき）のなかでは、ほかの国（くに）が許可（きょか）なく漁業（ぎょぎょう）をしたり、石油（せきゆ）などの資源（しげん）を掘（ほ）ったりすることはできないんだよ。

東のはしっこ（ひがし）
南鳥島（みなみとりしま）
（東京都（とうきょうと））

日本のデータ（にほん）

面積（めんせき）	約37万8000k㎡	（世界（せかい）で61ばんめにおおきい）
本州の面積（ほんしゅう めんせき）	約22万8000k㎡	（世界（せかい）の島（しま）のなかで7ばんめにおおきい）
人口（じんこう）	約1億2710万人（まんにん）	（世界（せかい）で10ばんめに多（おお）い）
島の数（しま かず）	6852	

はじめに　　きみだけのたからさがしをしてみよう

日本女子大学人間社会学部教育学科教授
田部　俊充

きみは地理が好きかな。ぼくは地理が大好き。

地理の勉強では、47都道府県の位置やなまえを覚えたり、特産品を覚えたり……。

覚えることが多くて、「難しい」と思うこともあるかもしれない。

だけど、ぼくは知っている。地理は、とってもおもしろい。

小学生のころ、ぼくがひとりで行くことができたのは、自転車に乗って行けるところまでだった。

だけどひとたび地図帳を開けば、日本全国どこへだって行けたんだ。

行ったことのないところの地図をながめながら、「もしもここに住んだら、この小学校に通うんだな。いちばん近い図書館はここで、最寄駅はここだな」と考えるのが楽しかった。

ぼくにとって地理は、行ったことのない土地での暮しを想像することだった。

ぼくは、「自転車に乗って行けるところ」の外にあるものについて、いつも考えているような子どもだったんだ。

地理が、ぼくの頭のなかの世界を広げてくれた。

地図をみて、その地域がどんなところかを想像すること。そして、自分の行ける範囲でかまわないから、地図でみたところにじっさいに行ってみること。

それが、「地理」の基本。

地図は、きみが行ったことのない場所に、なにがあるのかを教えてくれる。

そして、地図でみたところに実際に行って、景色をながめ、音やにおいを感じたり、その土地の食べ物を食べたりすることで、きみの「頭のなかにある世界」は、どんどんひろがる。

ぼくは、学校の先生が「屏風ヶ浦からみた朝日がきれいだった」と言っていたのが忘れられなかったから、千葉県にある屏風ヶ浦の場所を地図で調べて、「先生が言っていた朝日って、どんなだろう」と想像した。

　そして、じっさいに行ってみた。そしたら屏風ヶ浦は、胸を熱くするような朝日をみせてくれた。(屏風ヶ浦については、44 ページにのっているからみてみてね)

　そのとき、ぼくのなかの世界は、少しひろがったと思う。

　じっさいに体験することで「世界がひろがる」経験を、きみもしたことがあるはず。

　たとえば、小学校に入学したとき。

　小学校の先生や、新しい友だちとの出会い、それから小学校で習ういろんなことは、きみの目にうつる世界をおおきくひろげたんじゃないかな。

　地理で学ぶのは、自分が住んでいる場所以外にも、いろんな場所があって、それぞれの土地にはいろんなひとが住んでいるということ。

　それがわかるようになれば、きみの視野は、もっとおおきくひろがる。いろんな考え方ができるようになる。

　それは、きみが生きるうえで、おおきなたからものになるはずだ。

　いま、自分にみえている範囲だけがすべてじゃない。きみは、どこにだって行ける。

　きみがじっさいに行ってみたいと思えるようなすてきな場所が、この日本のなかにもあるはずだよ。

　そしてその場所はきっと、きみがみつけてくれるのを待っている。

　この本で、きみが「たからさがし」のような気分で日本地理を楽しめることを願っています。

2020 年 9 月

この本には、47都道府県それぞれの魅力を紹介するページと、地理にまつわるあれこれを紹介する特集ページなどがあるよ。楽しみながら47都道府県の知識がみにつくクイズやシルエットカードにも、ぜひちょうせんしてね。

47都道府県のとくちょうや基本的な知識はこれでバッチリ！

47都道府県のページ

地図では、地形や特産品の産地、名所の位置などをイラストでしめしているよ。「ココがスゴイ！ ベスト3」では、思わず「スゴイ！」とうなっちゃうような情報を紹介。ちょっとユニークな「おもしろ情報」にもご注目！

都道府県の基本情報

エピソードや歴史などを知って各都道府県の「スゴイ！」を印象にのこす「ココがスゴイ！ベスト3」

都道府県の特産品の産地やゆうめいなたてものなどの位置がわかるイラスト地図

「ヘェ〜ッ」「ホ〜ッ」がいっぱいのおもしろ情報

日本地理の楽しさいろいろ

特集ページ

世界遺産って誰が決めるの？　むかしの日本地図はどうなっていたの？　など、日本地理に興味がわく特集ページ。

世界遺産の魅力に迫る！

旧国名にまつわるあれこれをご紹介！

地図記号をクイズで覚える！

楽しみながら覚える

都道府県シルエットカード

都道府県のシルエットや、都道府県庁所在地を、シルエットカードであそびながら覚えよう。「シルエットで選べ！　ランキング選手権」など、あそび方もいろいろあるよ。

表

裏

北海道
★ 北海道地方 ★

道庁所在地

札幌市

よくわかる！ 日本の都道府県 もくじ

これが日本だ！ 全国マップ ②

はじめに ④

この本の使い方 ⑥

北海道地方 ────────────────────────── ⑫

北海道 ⑭

東北地方 ──────────────────────────── ⑯

青森県 ⑱ 秋田県 ㉔

岩手県 ⑳ 山形県 ㉖

宮城県 ㉒ 福島県 ㉘

島国ニッポン 漁業天国！ ㉚

しらべてみよう 身近なものと都道府県のつながり ㉜

関東地方 ──────────────────────────── ㉞

茨城県 ㊱ 千葉県 ㊹

栃木県 ㊳ 東京都 ㊻

群馬県 ㊵ 読んで楽しむ 誌上社会科見学東京都編 ㊽

埼玉県 ㊷ 神奈川県 ㊿

なぜなに世界遺産 (52)
もっと知りたい世界遺産 (54)

中部地方 (56)

新潟県 (58)
富山県 (60)
石川県 (62)
福井県 (64)
山梨県 (66)
長野県 (68)
岐阜県 (70)
静岡県 (72)
愛知県 (74)
読んで楽しむ　誌上社会科見学愛知県編 (76)

もっと知りたい　地図のいろいろ (78)
前後・上下・なんじゃらほい　どんとこい旧国名！ (80)

近畿地方 (82)

三重県 (84)
滋賀県 (86)
京都府 (88)
大阪府 (90)
読んで楽しむ　誌上社会科見学大阪府編 (92)
兵庫県 (94)
奈良県 (96)
和歌山県 (98)

よくわかる！ 日本の都道府県　もくじ

大地のめぐみをいただきます！　これが日本の農業だ　100

攻略！　地図記号　102

中国・四国地方 —————————————————— 104

中国地方
鳥取県　106　　広島県　112
島根県　108　　山口県　114
岡山県　110

四国地方
徳島県　116　　愛媛県　120
香川県　118　　高知県　122

ものづくり大国・ニッポン　124

ところ変われば食変わる！　日本の食文化　126

九州・沖縄地方 —————————————————— 128

福岡県　130　　大分県　138
佐賀県　132　　宮崎県　140
長崎県　134　　鹿児島県　142
熊本県　136　　沖縄県　144

これが解けたら日本地理マスター　クイズ100本ノック　⑭⑥

いろいろな使い方ができる！　都道府県シルエットカード　⑮⑥

シルエットカードのあそび方をひろげる　47都道府県ランキング　⑯⑤

クイズのこたえ

　ちょうせん！　地図記号クイズ　こたえ　⑯⑧

　これが解けたら日本地理マスター　クイズ100本ノック　こたえ　⑯⑨

おわりに　⑰④

北海道地方

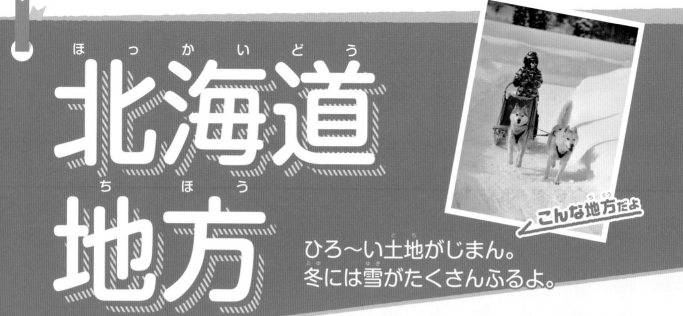

こんな地方だよ

ひろ～い土地がじまん。
冬には雪がたくさんふるよ。

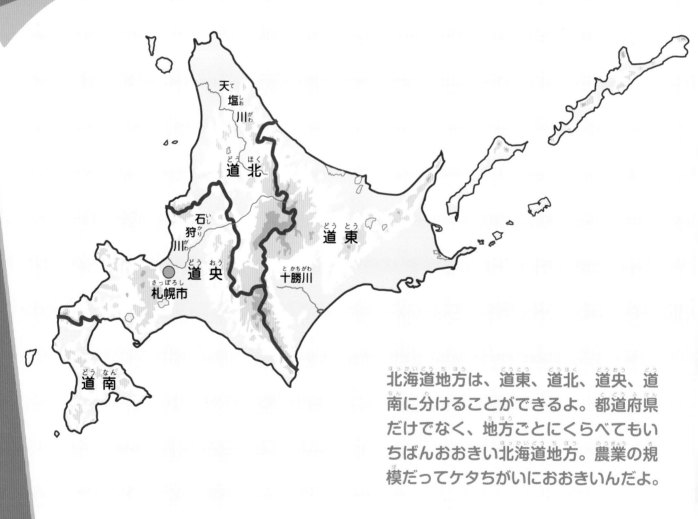

天塩川
道北
石狩川
道央
札幌市
道東
十勝川
道南

北海道地方は、道東、道北、道央、道南に分けることができるよ。都道府県だけでなく、地方ごとにくらべてもいちばんおおきい北海道地方。農業の規模だってケタちがいにおおきいんだよ。

北海道
地方の
キーワード

広大な土地と大規模農業

☑ 北海道は面積がでっかいどー！

日本の
ほかの地方と
くらべて
みよう

ほかの地方と面積を
くらべて、北海道の
スケールのおおきさ
を知ろう。

👑 1位 👑 ┃ 2位 ┃ 3位

四国の4倍もの
土地があるんだね

北海道
面積
約8万3424km²

東北地方
面積
約6万6945km²

中部地方
面積
約6万6804km²

3位以降のランキング		
4位	九州・沖縄	約4万4509km²
5位	近畿	約3万3123km²
6位	関東	約3万2431km²
7位	中国	約3万1919km²
8位	四国	約1万8801km²

☑ 北海道は農業の規模もでっかいどー！

野菜の収穫量を
くらべてみよう

タマネギとじゃがい
もの収穫量を、ほか
の地方とくらべてみ
よう。

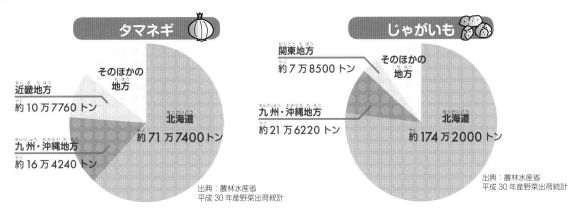

タマネギ

そのほかの
地方

近畿地方
約10万7760トン

九州・沖縄地方
約16万4240トン

北海道
約71万7400トン

じゃがいも

関東地方
約7万8500トン

そのほかの
地方

九州・沖縄地方
約21万6220トン

北海道
約174万2000トン

出典：農林水産省
平成30年産野菜出荷統計

出典：農林水産省
平成30年産野菜出荷統計

酪農の規模を
くらべてみよう

乳牛の飼育頭数と生
乳の生産量をほかの
地方とくらべてみよ
う。

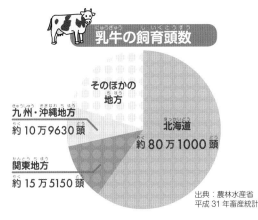

乳牛の飼育頭数

そのほかの
地方

九州・沖縄地方
約10万9630頭

関東地方
約15万5150頭

北海道
約80万1000頭

生乳の生産量

そのほかの
地方

九州・沖縄地方
約63万7785トン

関東地方
約99万1738トン

北海道
約404万8197トン

出典：農林水産省
平成31年畜産統計

出典：農林水産省
令和元年牛乳乳製品統計

北海道

北海道といえば

カニ

ほっかいどう | 北海道地方

日本でいちばん北にあるのが北海道。日本一面積がおおきいのも北海道だ。ひろい大地では、たくさんの農作物がつくられているよ。まわりを海にかこまれているから、漁業だってさかんだ。

北海道の基本情報

人口	約 538 万人
面積	約 83424 ㎢
道の花	ハマナス
道の鳥	タンチョウ
道の木	エゾマツ
道庁所在地	札幌市
道章	✳

毛ガニ

北海道を代表するカニといったら、毛ガニ！ とくにオホーツク海のものは、太鼓判のおいしさだよ。

さっぽろ雪まつり ❶

「雪と氷のドラマ」といわれる雪まつり。なんと200基近くの雪像・氷像がみられるんだって！

礼文島

利尻島

カニ

択捉島

天塩川

オホーツク海 ❷

サケ

国後島

北見山地

天塩山地

知床

サロマ湖

石狩山地

ななつぼし

タマネギ

大雪山

乳牛

色丹島

石狩川

夕張山地

歯舞群島

道庁所在地
札幌市

❶

石狩平野

根釧台地

十勝平野

十勝川

日高山脈

ジャガイモ

渡島半島

奥尻島

青函トンネル

青森県

特産品

じゃがいも

北海道は、生産量日本一のじゃがいも王国。品種もいろいろさいばいしているよ。

流氷 ❷

今年はいつ、あえるかな。オホーツクのひとが、冬になると待ちわびるもの。それが流氷だ。遠くロシアからやってくる流氷に、アザラシがのってくることもあるんだって。

北海道のココがスゴイ！ ベスト3

1 日本一ひろい土地に日本一のウシの数

おいしいものがいっぱいの北海道。みんなは、なにが好きかな。ほくほくしたじゃがいもにバターをのせたじゃがバターなんて、最高だよね！乳牛をたくさん育てている北海道は、バターなどの乳製品の生産もさかんだよ。乳牛の数はなんと、およそ80万頭。もちろん日本一だ。夏でもすずしい気候が、乳牛を育てるのに適しているんだ。ひろい大地ですくすくと育った牛のミルクは、北海道のあじがする？？

2 タマネギ 生産量日本一の北見

北海道は、日本一のタマネギの産地。日本で生産されるタマネギの半分以上が北海道産だよ。なかでも、いちばん生産量が多いのが北見市。タマネギって、じつはとってもおもしろい野菜で、成長していくと、葉っぱがパタンと倒れるんだ。葉っぱが倒れて、しばらくしたら収穫だ。北見市では毎年8月ごろになると、土の上でまるまると育ったタマネギが収穫されるんだよ。

3 ワッサム、アユミコタン… おもしろい地名がいっぱい

北海道では、ずっとむかしからアイヌ民族というひとたちがくらしてきた。北海道の地名は、アイヌ語がもとになっているものが多いんだよ。たとえば、和寒、歩古丹。なんて読むか、わかるかな。正解は、ワッサム、アユミコタン。言葉のひびきが、日本語とはちょっとちがうよね。左の写真は、札幌市の「アイヌ文化交流センター（サッポロピリカコタン）」というしせつ。ピリカコタンは、アイヌ語で「美しい村」という意味なんだって。

おもしろ情報 雪みたいに真っ白でふわふわ 大人気の「北海道犬」

ふわふわの毛なみ、きりりとした顔だち。北海道犬はテレビなどにもよく出ているから、みんなもみたことあるんじゃないかな。毛のいろは真っ白だけじゃなくて、茶や黒の子もいるんだって。北海道犬は、『アイヌ犬』と呼ばれていた。寒さにつよくて、狩りがとってもじょうずな北海道犬は、アイヌのひとたちの大事なパートナーだったんだ。なんと、自分の体よりもずっとおおきなクマをつかまえるというからおどろきだ。

東北地方
とうほく ちほう

こんな地方だよ

東北といえば、
なんといってもコメづくり！

やませ

春から夏にかけて、太平洋側の地域には「やませ」という冷たい風が吹く。「やませ」は、稲などの農作物にひがいを与えることもあるんだよ。

大雪

冬には、日本海側の地域では大雪が降ることが多いよ。なんと1メートル以上も雪が積もることもあるんだって。

青森市
青森県

秋田県
奥

秋田市
羽山

日本海
盛岡市
岩手県

雄物川
山脈

最上川
北上川

山形県
太平洋

山形市
仙台市

宮城県

阿賀野川
福島市

只見川
阿武隈川

福島県

夏でもすずしい気候をいかしてコメづくりがさかんな東北地方。各県でさかんな夏まつりも、コメづくりと関係があるんだよ。

16

東北地方の キーワード

コメづくりと夏まつり

 ## 東北といえばコメどころ

地方別のコメの収穫量

出典：農林水産省　令和元年産作物統計（普通作物・飼料作物・工芸農作物）

東北地方のコメの収穫量は、200万トン以上。ほかの地方とくらべてみても、圧倒的に多い。

北海道地方
58万8100トン

中部地方
166万7100トン

中国地方
51万3200トン

九州・沖縄地方
69万8400トン

東北地方
223万8600トン

関東地方
118万8919トン

四国地方
22万700トン

近畿地方
64万6600トン

東北地方でコメづくりがさかんな理由

❶ ひろい平野がある
⇨ 田んぼをつくりやすい

❷ 豊富な雪どけ水がある
⇨ 水不足の心配がない

❸ 夏の日照時間が長く、昼と夜の温度差がおおきい
⇨ 稲がよく育つ

 暑い夏の農作業は大変！
⇩
夏のなまけ心を戒め、秋の豊作を祈る
⇩
夏まつりのはじまり

豊富な雪どけ水があることや、昼と夜の気温の差がおおきいことなど、東北地方のコメづくりには地理的なとくちょうがいかされている。秋の収穫前におこなわれる夏まつりは、夏の疲れや、睡魔をとりのぞく「眠り流し」がはじまりだともいわれているよ。

東北六魂祭

ひとつになった東北の夏まつり

2011年の3月11日におきた東日本大震災のあと、東北6県は心をひとつにして、復興のためにがんばろうと決意したんだ。写真は東北六魂祭の様子。左上から時計回りに、青森ねぶた祭、秋田竿燈まつり、盛岡さんさ踊り、福島わらじまつり、仙台七夕まつり、山形花笠まつり。

写真提供　東北六魂祭実行委員会

東北6県の夏まつり

青森 ねぶた祭	盛岡 さんさ踊り	秋田 竿燈まつり	仙台 七夕まつり	山形 花笠まつり	福島 わらじまつり
「ねぶた」というおおきな灯籠人形が主役の、活気あふれるおまつり。	体の芯まで響くような、躍動感あふれる太鼓の音色がとくちょう。	稲穂にみたてた高さ12メートルもある竿燈を自由自在に操る技は必見！	ごうかな七夕かざりをみようと、たくさんのひとでにぎわう日本一の七夕まつり。	花笠を手にしたおどり手が、元気なかけ声とともに華麗なおどりをひろうするよ。	長さ12メートルの日本一の大わらじを神社へ奉納して五穀豊穣を祈るおまつり。

青森県

青森といえば りんご

あおもりけん ｜ 東北地方

本州の北のはじっこにあるのが、青森県。2つの半島が陸奥湾をかこんでいて、ユニークな形をしているよね。面積の半分以上が森林で、木材の産地としてもゆうめいだよ。

青森県の基本情報

人口	約130万人
面積	約9645㎢
県の花	りんごの花
県の鳥	ハクチョウ
県の木	ヒバ
県庁所在地	青森市
県章	

津軽三味線

たたきつけるような演奏が大迫力の津軽三味線。躍動感あふれる音色はまるでロックのよう!?

特産品

りんご

生産量も、品種もたくさん！ 青森県のりんごは、海外でも愛されているんだよ。

大間のまぐろ❶

「まぐろの一本づり」でゆうめいな大間町。100キロもあるまぐろをどうやって釣り上げるのか、みてみたいね。

マグロ ❶

北海道

津軽海峡

青函トンネル

青森ヒバ

下北半島

津軽半島

県庁所在地 青森市

陸奥湾

小川原湖

イカ

岩木川

津軽平野

三内丸山遺跡

八甲田山

奥入瀬川

八戸漁港 ❷

岩木山

りんご

弘前城

十和田湖

三沢飛行場

馬淵川

久六島

白神山地

にんにく

秋田県

岩手県

ねぶた祭

青森の夏といえば、やっぱりねぶた祭。県内各地でおこなわれるよ。ねぶたのまわりでおどる跳人の「ラッセーラー」のかけ声で、まつりの熱気はさらに高まる。

青森県のココがスゴイ！ ベスト3

1 りんごの生産量 日本一！

りんごの花をみたことある？　青森県の春は、りんごの花がたくさん咲くよ。ほんのりピンクで、とってもかわいい。秋になると、いよいよりんごの収穫だ。毎年、40万トン以上のりんごが生産されているよ。日本で生産されるりんごの半分以上が青森県産。まさに「りんご王国」だね。1年を通してすずしい気候が、りんごのさいばいに適しているんだ。「りんごの王さま」と呼ばれている"ふじ"も青森県うまれ。

2 縄文人の家 がたくさんのこっている！

1994年、大スクープに日本中がおどろいた！　巨大な縄文時代の集落跡がみつかったんだ。日本最大級の縄文遺跡、三内丸山遺跡の発見だ。それまで、縄文人は移動しながら生活していたと思われていたから、これは本当に大発見だった。そのときに発見されたたてもの跡をもとに、再現されたのが右の写真のたてもの。およそ5500年前の縄文人は、このたてものからどんな景色をみていたんだろうね。

3 天然の博物館　ブナ原生林

白神山地は、青森県から秋田県にまたがる広大な山地。このうち、ブナの原生林がひろがる地域が世界遺産になっているよ。この地域は「天然の博物館」といわれていて、たくさんの植物や、動物たちが生きている。ブナの森では、聴診器でブナの"声"をきくこともできるんだって。恐竜がうまれるよりもずっと前から、長い時間をかけて少しずつ育まれてきた森に生きるブナは、どんな声をしているのかな。

おもしろ情報　世界初！太平洋無着陸横断飛行の舞台、三沢

世界ではじめて太平洋を無着陸で横断飛行したのが、右の写真のミス・ビードル号（復元機）だよ。パイロットは、2人のアメリカ人だったんだ。1931年、ミス・ビードル号は、青森県の三沢市を離陸し、41時間10分後に、アメリカのワシントン州に着陸したよ。パイロットの2人は、協力してくれた三沢のひとたちに、とても感謝したんだ。ちなみに、2人が持ってかえった日本のおみやげはりんごだったんだって！

岩手県

いわてけん | 東北地方

岩手
といえば

わんこそば

北海道のつぎに面積がおおきいのが岩手県。じまんはなんといっても、魚や海草がたくさんとれるぎざぎざした形のリアス海岸だ。北上盆地を中心に、農業もさかんだよ。

岩手県の基本情報

人口	約 128 万人
面積	約 15275 ㎢
県の花	キリ
県の鳥	キジ
県の木	ナンブアカマツ
県庁所在地	盛岡市
県章	

チャグチャグ馬コ ❶

おめかしした馬が、滝沢市の鬼越蒼前神社から盛岡市の盛岡八幡宮までを行進するよ。馬につけられたたくさんの鈴が「チャグチャグ」鳴るから「チャグチャグ馬コ」なんだって。

わんこそば

「はい、じゃんじゃん」のかけ声で、どんどんわんこ（おわん）におそばがつがれるから、わんこそばっていうんだ。

特産品

わかめ

「三陸産いわてわかめ」といったら、おいしいわかめの代名詞。養殖わかめの生産もさかんだよ。

龍泉洞 ❷

日本三大鍾乳洞のひとつ、龍泉洞のなかには地底湖がある。地下に湖があるなんてふしぎだね。

青森県

馬淵川

北上高地

八幡平

岩手山

秋田県

小岩井農場

南部鉄器

りんご

閉伊川

県庁所在地
盛岡市

早池峰山

奥羽山脈

北上盆地

遠野ふるさと村

ホップ

三陸海岸

わかめ

ウニ

あわび

平泉の文化遺産

北上川

宮城県

岩手県のココがスゴイ! ベスト3

1 めぐみがい〜っぱい リアス海岸

太平洋に面した岩手県の海岸は、ぎざぎざしているね。のこぎりの刃みたいなこの海岸は、「リアス海岸」っていうんだ。海底が深くて、春には川から栄養たっぷりの雪どけ水がながれてくるから、魚や海草を育てやすい。だから岩手県では、養殖漁業やさいばい漁業などの、「育てる漁業」がとってもさかんだよ。とくに宮古市は、おいしいわかめやこんぶの産地としてゆうめいなんだ。

2 平和の心を伝える 平泉

平安時代のおわりごろ、東北でおおきな戦があった。その戦のあと、ぎせいになったひとが安らかに眠れますように、そしてもう戦がおきませんようにと願ってたてられたのが中尊寺。戦でつらい思いをしたひとがたくさんいたんだね。平泉をおさめていた奥州藤原氏は、平泉を平和の都にしようと、たくさんのお寺や、右の写真のような庭園などをつくったよ。平和のためにつくられた都市は、世界でもとてもめずらしいんだ。

3 不毛の大地を切り拓いた 小岩井農場

左の写真は、小岩井農場でのんびりと草を食べている牛たち。じつはこの小岩井農場、最初は草木もまばらな荒れた大地だったんだよ。それが、約3000ヘクタール(東京ドーム約640個分!)の農場になったんだから、びっくり。そんなひろい土地の土を耕し、木を植えていくのはどれだけ大変だっただろうね。ちなみに、「小岩井」というなまえは、3人の創業者のなまえ(小野・岩崎・井上)から一文字ずつとっているんだって。

おもしろ情報 河童が出る!? 民話のふるさと遠野

遠野には、わくわくする民話がたくさんのこっているよ。川からひょっこり顔を出す河童や、"幸せを運ぶ"といわれるざしきわらし、それから、山のなかで木から木へと飛びうつる天狗…。むかしながらの茅ぶき屋根の家がたくさんのこっている遠野の風景は、まるで民話の世界。河童もざしきわらしも天狗も、本当に住んでいそう。むかし、河童が住んでいたといわれる「河童淵」できゅうりをたらして待てば、河童にあえるかも??

宮城県

宮城 といえば
伊達政宗

みやぎけん ｜ 東北地方

東北地方のなかでいちばん人口が多い宮城県。県庁所在地の仙台市は、東北の経済の中心地だよ。気仙沼や石巻など、全国的にゆうめいな漁港がたくさんあって、漁業がとてもさかん。

宮城県の基本情報

人口	約233万人
面積	約7282㎢
県の花	ミヤギノハギ
県の鳥	ガン
県の木	ケヤキ
県庁所在地	仙台市
県章	

こけし

宮城県には、こけしの産地がいっぱい。首をまわすと「キイキイ」音が鳴るのは鳴子のこけし。

七夕まつり❶

仙台のまち中にたくさんの七夕かざりがかざられるよ。夏の風にゆれるいろとりどりの七夕かざりは、ごうかけんらん。七夕まつりの歴史は長いから、政宗公も楽しんだかもね。

秋田県

栗駒山

岩手県

サンマ

気仙沼漁港

カツオ

鳴子のこけし

奥羽山脈

山形県

仙台牛

仙台平野

ひとめぼれ・ササニシキ

北上川

大崎八幡宮

牡鹿半島

石巻漁港

塩釜漁港

青葉城跡

県庁所在地
仙台市

カキ

蔵王山

マグロ

阿武隈川

仙台湾

特産品

福島県

サンマ

宮城県のサンマの水揚げ量は全国トップクラス。なかでも、気仙沼のサンマはゆうめい。

松島❷

なんと260もの島々がある松島。おおきさも形もちがう島がならぶ景色はため息もの。松尾芭蕉も旅をしたんだって。

宮城県のココがスゴイ！ ベスト3

1 ササニシキにひとめぼれ おいしい宮城米

　宮城県は、ゆうめいなおコメの産地。1年を通してすずしい気候がコメづくりに適しているんだ。でも、ひみつはそれだけじゃない。宮城県の土地にぴったりの品種を開発したことで、前よりももっとおいしいおコメを生産できるようになったんだよ。代表選手が「ササニシキ」と「ひとめぼれ」。さいきんでは、たくさんのひとからむすめのように愛されますようにという願いをこめて、「まなむすめ」という品種もつくられたよ。

2 スーパーヒーロー 伊達政宗

　江戸時代がはじまる前、たくさんの戦国武将たちが天下統一をめざしてたたかっていた。いまの宮城県のあたりを支配していたのが、"独眼竜"といわれた伊達政宗。ちいさいころの病気が原因で右目を失明していたからそう呼ばれたんだ。江戸時代がはじまると、仙台藩の初代藩主になったよ。激動の戦国時代を生き抜いた政宗、どんな思いで仙台のまちをながめていたんだろうね。いまも青葉城跡では政宗の銅像が仙台を見守っているよ。

3 400年以上前にたてられた 大崎八幡宮

　江戸幕府の成立から4年後の1607年、仙台市に大崎八幡宮がたてられた。伊達政宗が呼びよせたうでのいい大工さんたちの手でつくられた大崎八幡宮は、「桃山建築のけっさく」とも呼ばれ、江戸から明治、大正、昭和、そして平成にかけて、400年以上にもわたって仙台のひとたちに大事にされているんだ。大崎八幡宮で毎年1月におこなわれる「どんと祭り」は、仙台の冬の風物詩なんだって。

おもしろ情報　海の男はかっこいい 漁師さんはヒーローだ

　2014年、あるカレンダーが話題になった。その名も「気仙沼漁師カレンダー2014」。地元の女のひとたちが、気仙沼の漁師さんがあんまりにもかっこいいからカレンダーにしちゃったんだって。発売すると、すぐに完売。たしかに、カレンダーにのっている漁師さんたちは、みんなすごくかっこいい！ このカレンダーを家にかざって毎日ながめていれば、気仙沼の漁師さんみたいにたくましくなれる!?

秋田県

秋田といえば

なまはげ

あきたけん | 東北地方

秋田県の基本情報	
人口	約102万人
面積	約11637㎢
県の花	フキノトウ
県の鳥	ヤマドリ
県の木	秋田杉
県庁所在地	秋田市
県章	

秋田県は面積の7割が森林で、秋田杉などの木材の産地としてゆうめいだよ。かつて、琵琶湖のつぎにおおきな湖だった八郎潟を干拓してつくった大潟村もとくちょう的だね。

秋田犬

猟犬が祖先だといわれる、主人に忠実な秋田犬。あの「忠犬ハチ公」も秋田犬だったんだって。

青森県

白神山地

十和田湖

秋田杉

八郎潟干拓地
（大潟村）

ハタハタ

米代川

能代平野

男鹿のなまはげ

男鹿半島

あきたこまち

県庁所在地
秋田市

① 秋田平野

田沢湖

岩手県

竿燈まつり ①

稲穂にみたてた竿燈には、ちょうちんがたくさんつけられている。差し手が、手のひらや肩、腰で竿燈を支える技にハラハラ。せいこうしたら、「おえたさー」の声をかけよう！

雄物川

出羽山地

獅子ヶ鼻湿原

横手盆地

横手の雪まつり

りんご

山形県

宮城県

特産品

あきたこまち

秋田県は、日本有数のコメどころ。なかでも「あきたこまち」の生産がさかん。

きりたんぽ

すりつぶしたごはんを棒に巻きつけて焼いたものが「きりたんぽ」。きりたんぽ鍋は、秋田の冬の味覚。

秋田県のココがスゴイ！ ベスト3

1 50年前につくられた大潟村

秋田県の大潟村は、八郎潟という湖を干拓してできたんだ。この八郎潟、面積が2万ヘクタール以上あって、日本で2ばんめにおおきい湖だったんだよ。1964年に大潟村ができたときの人口はわずか14人。その14人は、いっしょうけんめい田んぼをつくったんだ。そのうち、学校や病院、神社などもつくってだんだん村らしくなっていったよ。左の写真のような、すばらしい菜の花畑だってつくられた。干拓地の村、行ってみたいね。

2 めずらしい植物の宝庫 獅子ヶ鼻湿原

獅子ヶ鼻湿原には、王さまがいる。樹齢300年の「あがりこ大王」だ。炭焼きのためにばっさいした枝が芽をだし、成長して、ユニークな姿になったといわれている。ずっしりとした幹回りから天にむかって腕をひろげているかのような姿には、王さまらしい風格がある。コケがからみあってできた球状の「鳥海まりも」もとてもめずらしいんだ。王さまの住む森には、ふしぎな生き物がたくさんいるよ。

3 「悪い子はいねが〜」なまはげ

なまはげは、男鹿半島などに伝わる伝統行事。「悪い子はいねがー」といって地域の家を1軒1軒まわっていくよ。きみの家にきても、大丈夫かな？　お父さんやお母さんのいう事を聞かない子は、なまはげに連れて行かれちゃう！　でも、いい子にしていれば大丈夫。なまはげは鬼のお面がとってもこわいけど、なまけ心を戒め、無病息災や田畑の実りなどをもたらしてくれるんだ。地域によっては、雪の中でおどりを披露してくれるなまはげもいるよ。

おもしろ情報 雪国のメルヘン かまくらに入ってたんせ！

右の写真にうつっているのは「かまくら」。かまくらのなかはあたたかいんだ。ふしぎだよね。横手の雪まつりでは、100基のかまくらのなかで子どもたちがおもてなし。甘酒や、火鉢で焼いたおもちをふるまってもらえるよ。おおきいかまくらのほかにミニかまくらもあって、そのなかでろうそくの火が灯されるんだ。大小のかまくらからやわらかい光がもれる風景は、まるでメルヘン。あたたかいかまくらのなかに「入ってたんせ」！

山形県

やまがたけん ｜ 東北地方

山形といえば
サクランボ

山形県は、面積のほとんどが山地。山地のあいだにある盆地では農業がさかんで、山形盆地でつくられるサクランボはゆうめいだよ。山形県の形、なんだかひとの横顔みたい？

山形県の基本情報

人口	約112万人
面積	約9323㎢
県の花	ベニバナ
県の鳥	オシドリ
県の木	サクランボ
県庁所在地	山形市
県章	

花笠まつり

花笠をもったおどり手が「ヤッショ、マカショ」とかけ声をあげながら花笠音頭をおどる、山形の夏の風物詩。

人間将棋 ❶

天童市は、将棋の駒の産地としてゆうめいだ。春には、人間将棋がおこなわれるよ。桜の花びらが舞うなか、戦国時代の衣装を着たひとたちが将棋の駒のかわりにうごくんだって！

特産品

サクランボ

山形県は、サクランボの生産量日本一。山形盆地は、洋なしの産地としてもゆうめいだよ。

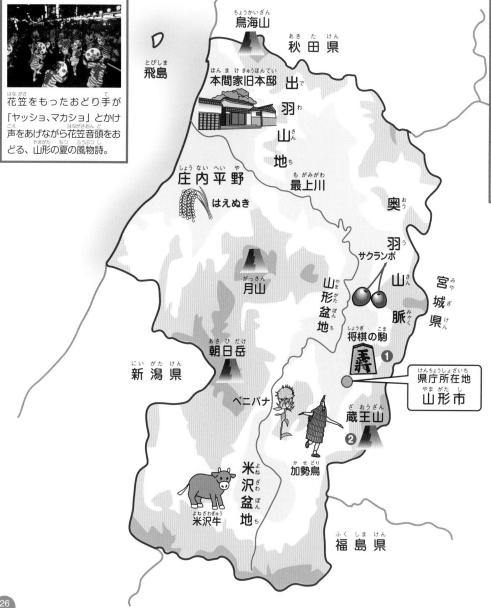

鳥海山
秋田県
飛島
とびしま
本間家旧本邸
出羽山地
庄内平野
はえぬき
最上川
奥羽山脈
月山
サクランボ
山形盆地
宮城県
将棋の駒 ❶
朝日岳
新潟県
県庁所在地
山形市
ベニバナ
蔵王山 ❷
加勢鳥
米沢盆地
米沢牛
福島県

蔵王樹氷 ❷

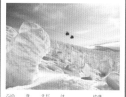

冬に木の枝や葉っぱに雪がつくとできるのが「樹氷」。世界でもゆうめいで、自然の芸術と呼ばれているよ。

山形県のココがスゴイ！ ベスト3

1 日本一！ 山形のサクランボ

サクランボの旬はいつ？　答えは6月の下旬から7月にかけて。真っ赤なサクランボは、初夏のあじなんだね。日本で生産されるサクランボの約7割以上を生産している山形県ではその時期、旬のサクランボを楽しめる「日本一さくらんぼ祭り」がひらかれるよ。なんと「流しさくらんぼ」もおこなわれるんだって。竹筒の上をすいーっとすべりおりてくるおおつぶのサクランボは、いつもとはひとあじちがう？？

2 伝説の大富豪がいた！酒田

「本間さまにはおよびもせぬが、せめてなりたや殿さまに」。本間さまというのは、江戸時代の酒田にいた大富豪で、日本一のおお地主だったんだ。殿さまでもかなわないほどの大富豪って、すごいね。江戸や大坂へコメを運ぶための北前船が出入りする港まちとして栄えていた酒田のシンボルは、コメの保管倉庫だった山居倉庫（右の写真）。「本間さま」のおやしき「本間家旧本邸」も、酒田のまちに堂々とたたずんでいるよ。

3 なんと200キロ以上もある！ 最上川

「五月雨をあつめて早し最上川」。だれが詠んだ俳句かな？　正解は松尾芭蕉。「おくのほそ道」にのっている、ゆうめいな句だね。最上川の長さは、229キロ。ひとつの県を流れる川としては、日本一の長さだ。日本三大急流のひとつで、川の流れもとってもはやい。たしかに、ふだんから流れのはやい最上川が、梅雨の雨で水かさを増し、ごうごうと流れるところは大迫力かもね。きみも俳句を詠みたくなっちゃうかも？

おもしろ情報

奇習「加勢鳥」 ミノをかぶった若者に水をかけるおまつり!?

加勢鳥は、上山市に伝わる旧正月のおまつり。「カッカッカーのカッカッカー」。独特のリズムで歌い、おどるおにいさんたち。身につけているのは、ケンダイというミノ。さむ～い山形の冬、そんな薄着で外を歩くだけでもつらいのに、みているひとたちから冷たい水をかけられちゃう！　これは「祝い水」といって、1年の五穀豊穣や商売繁盛を願ってかけられるんだ。ちょっとかわいそうだけど、「祝い水」かけてみたいね。

福島県

ふくしまけん | **東北地方**

福島といえば

鶴ヶ城

日本で3ばんめに面積がおおきいのが、福島県。県内は、太平洋沿岸の「浜通り」、内陸部の「中通り」、西側の「会津」の3地域にわけられるよ。中央には、猪苗代湖というおおきな湖がある。

福島県の基本情報

人口	約191万人
面積	約13783km²
県の花	ネモトシャクナゲ
県の鳥	キビタキ
県の木	ケヤキ
県庁所在地	福島市
県章	

相馬野馬追

福島のおまつりといえば、南相馬市の「相馬野馬追」。かぶとに身を包んだ騎馬武者たちがかけぬけるようすをみていると、まるで戦国時代にタイムスリップしたよう!?

磐梯山

「会津富士」とも呼ばれる、福島のひとたちに愛されている山。県の北側には「裏」磐梯もあるんだって。

特産品

モモ

生産量が多いだけでなく、品質だっておすみつき。なんと、皇室に献上するモモも福島県産なんだ。

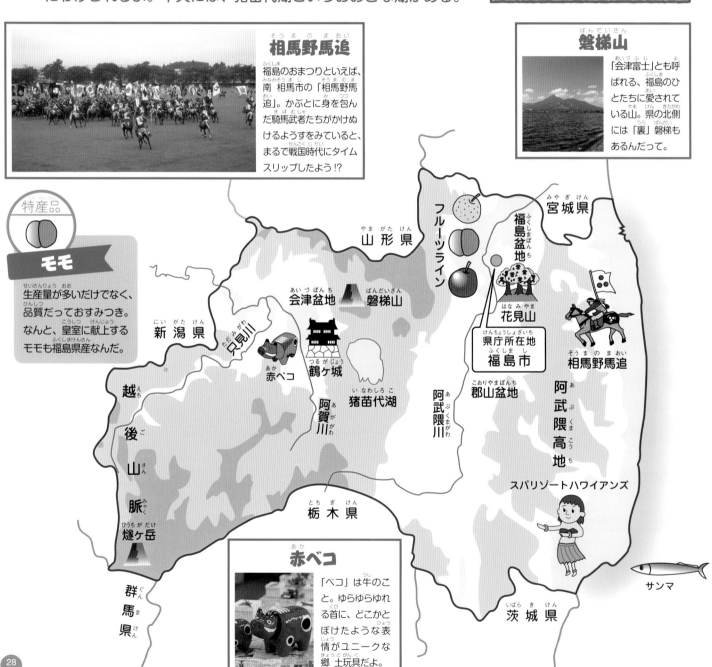

宮城県
山形県
フルーツライン
福島盆地
福島市（県庁所在地）
花見山
会津盆地
磐梯山
新潟県
只見川
赤ベコ
鶴ヶ城
阿賀川
猪苗代湖
郡山盆地
阿武隈川
相馬野馬追
阿武隈高地
越後山脈
燧ヶ岳
スパリゾートハワイアンズ
栃木県
群馬県
サンマ
茨城県

赤ベコ

「ベコ」は牛のこと。ゆらゆらゆれる首に、どこかとぼけたような表情がユニークな郷土玩具だよ。

福島県のココがスゴイ！ ベスト3

1 まるで桃源郷 百花繚乱 花見山

春のいろは、何いろかな？　あらゆる春のいろをみせてくれるのが、花見山だ。山いっぱいに春が咲きみだれる様子をみて、「福島に桃源郷あり」といったひともいたほど。"桃源郷"とは、現実には存在しない理想のばしょ。現実のものにみえないほど、花見山がきれいだということだね。花の木はもともと生えていたのではなく、近所に住む農家のひとが植えたんだ。だから花見山は、ゆうめいな観光名所だけど、個人の土地なんだよ。

2 東北のフルーツ王国 福島

福島県は、くだものの生産がとってもさかん。東北のフルーツ王国っていわれているよ。なかでも、モモの生産量は全国トップクラスで、品質もいいとひょうばんなんだ。福島市内の"フルーツライン"は、14キロにもわたる果樹園の通り。真夏のモモはもちろん、初夏のサクランボ、秋のなし・ブドウ、冬のりんごと、1年中くだものがりができるんだ。1年中おいしいフルーツ王国のめぐみ、たくさん食べたいね。

3 鶴ヶ城 会津若松とともに歩んだお城

歴史がうごきだすのは、どんなときだろう。幕末から明治にかけて、日本はおおきくうごいた。鶴ヶ城は当時、まちがまるごと戦場になってしまった会津若松で、1カ月間にも及ぶ激しいこうげきをたえぬいて、「天下の名城」と呼ばれた。そのあと取りこわしと再建をへて、当時の姿が復元されたんだ。現存唯一の赤い瓦の天守閣は、会津藩士がみていたのと同じ。鶴ヶ城が見守るこれからの会津若松には、どんな未来が訪れるだろう。

おもしろ情報　炭鉱のまちの奇跡 フラガールにあいにこらんしょ

エネルギーの主役が石炭から石油に変わっていったころ、炭鉱のまちだった福島県いわき市は、活気がなくなっていた。そんな状況からぬけだそうとつくられたのが、フラダンスのショーをみられる巨大なリゾートしせつ、スパリゾートハワイアンズ。きびしい特訓のかいあって、「炭鉱ガール」たちは「フラガール」になったんだ。フラガールたちはいまでもたくさんのひとに、本場ハワイのダンスとあかるいえがおをとどけているよ。

島国ニッポン

漁業天国！

お寿司におさしみ、焼き魚……。和食にかかせない食材といえばお魚。日本のまわりの海には、おいしいお魚がいっぱいいるんだ。このページでは、日本の漁業について紹介するよ。

ギョ！
日本では1年間で、400万トン以上*の魚がとれている！

日本は島国なので、まわりを海にかこまれているよね。自由に漁業ができる水域がとてもひろいから、世界的にみても漁業がさかん。

ギョギョ！
日本の川や海でとれる魚の種類は3000以上！

日本のまわりの海は、いろんな種類の魚にとって住みやすい環境なんだよ。それはどうやら、海流のおかげみたい。

おもな漁港と海流のようす

決まった方向に流れる海の水を「海流」というよ。水の温度が高くてあたたかい海流が「暖流」、温度が低くてつめたい海流が「寒流」だ。

リマン海流（寒流）

日本海

浜田

アジ

カニ

下関

境

福岡

長崎

枕崎

東シナ海

対馬海流（暖流）

黒潮（暖流）

カツオ

太平洋

カニ

ホッケ

根室

サンマ

サケ・マス

親潮（寒流）

カレイ

イカ

八戸

イカ

気仙沼

石巻

塩竈

サンマ

カツオ

イワシ

サバ

銚子

焼津

三崎

マグロ

ブリ

エビ

サバ

マグロ

•	おもな漁港
→	暖流
→	寒流

*養殖も含む。

日本で魚がたくさんとれるわけ

魚がたくさんとれるわけ 1 　海流

日本のまわりには、暖流も寒流も流れているので、あたたかい海が好きな魚もつめたい海が好きな魚も住んでいるんだ。とくに、暖流と寒流がぶつかるところには、えさがたくさんあるから、魚が集まってくるよ。

魚がたくさんとれるわけ 2 　大陸だな

水深200メートルくらいまでの、傾斜がゆるやかなところを「大陸だな」というんだ。太陽の光がよくとどき、魚のえさがよく育つから、たくさんの魚が集まってくるんだよ。じつは、

東シナ海には、おおきな大陸だながあるんだ。

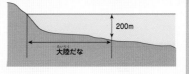

魚がよくとれる漁港と都道府県

漁港別水揚げ量

順位	漁港（都道府県）	水揚げ量（トン）
👑 1 👑	銚子（千葉県）	約25万2430
2	焼津（静岡県）	16万4292
3	釧路（北海道）	12万4259
4	境（鳥取県）	10万9059
5	八戸（青森県）	10万6175

出典：水産庁　産地水産物流調査　2018年

都道府県別水揚げ量

順位	都道府県	水揚げ量（トン）
👑 1 👑	北海道	87万6625
2	長崎県	29万 591
3	茨城県	25万9031
4	静岡県	19万5346
5	宮城県	18万4738

出典：平成30年漁業・養殖業生産統計

目からウロコのお魚コラム　世界初！クロマグロの完全養殖に成功した近畿大学水産研究所

近畿大学水産研究所は2002年に、世界で初めてクロマグロの完全養殖を成功させたよ。1970年に研究を始めてから、32年目の快挙だ！　養殖には、海に泳いでいる稚魚（マグロの子ども）を捕まえて、大人になるまで育てる方法もある。でもその方法だと、将来のマグロの数が減ってしまうんだ。だから、マグロの卵を人工でふ化させて、大人になるまで育てる方法を開発したんだよ。技術でマグロを育てちゃうなんて、かっこいいね。近畿大学水産研究所が育てた「近大マグロ」は、一部のお店で食べることができるよ。

写真提供：近畿大学水産研究所

身近なものと
都道府県のつながり

身近なものがどこでつくられているのかをしらべてみよう。
都道府県といろんなもののつながりを知ると、勉強するのがもっと楽しくなるよ。

例えば……➡ 傘と都道府県、どうつながっているかな？

和傘〈わがさ〉

代表的な産地は岐阜県だよ

 ## 和傘ってなんだろう？

竹や木、和紙などでつくられた、日本の伝統的な傘を和傘というよ。江戸時代には、傘といえば和傘だったんだ。京都府の京和傘や徳島県の美馬和傘など、いまでは和傘は、各地の伝統工芸品として大事にされているよ。

こんなにかわいい
和傘があるんだね

和傘を干している
風景だよ

 ## どうして岐阜県なのかな？

岐阜県岐阜市の加納地区は、江戸時代から和傘づくりで栄えた地域。今でも、日本でつくられる和傘の多くが岐阜県でつくられているよ。岐阜県は、長良川を行き来する船を通じて、いろんな地域から傘づくりの材料を集められたし、美濃和紙という質のよい和紙の産地でもあったから、傘づくりが盛んになったんだ。今も腕のいい職人さんたちによって、技術が受け継がれているよ。

写真提供：一般社団法人　岐阜和傘協会（P32の写真全て）

洋傘 〈ようがさ〉

写真提供：小宮商店

洋傘ってなんだろう？

幕末〜明治時代の頃、日本に広まり始めた洋風の傘を洋傘というよ。明治・大正時代には、洋装（洋風の服装）に洋傘をもつのがオシャレだったんだって。日本で洋傘がつくられ始めたのも、明治時代になってから。

> ## 山梨県は、国産洋傘の生地の産地としてゆうめいだ
>
> 養蚕（蚕を育てて糸をとることだよ）がさかんだったことから、良質な絹糸の産地としてゆうめいで、富士山の豊富な湧き水を活かした染め物の技術が発達してきた山梨県では、古くから「甲州織」という織物づくりがさかん。日本で洋傘づくりが始まってからは、傘生地としての需要も高まったんだ。

写真提供：舟久保織物

撮影：大倉琢夫

日本の洋傘製造発祥の地・東京の洋傘づくり

明治時代に洋傘がオシャレアイテムとして広まった頃、いち早く洋傘づくりを始めたのが東京の職人さんたち。「東京洋傘」は、日本の洋傘づくりの100年くらいの歴史をひっぱってきた傘といえるんだ。2018年には、東京都の伝統工芸品にも指定されたよ。

きみのきょうみのあるものやこと、なんでも調べてみよう！

例えばこんなものやことを調べてみよう

「野球のグラブの生産地」「ランドセルの生産地」など、身近なものの生産地を調べてみよう。「日本の遊園地発祥の地」「オムライスの発祥の地」など、好きなものがどこで生まれたのかを調べてみるのも楽しいね。

インターネットや本などを活用しよう

インターネットで検索したり、図書館で関連する本を探したりして、調べよう。調べるテーマがみつからないときは、都道府県や市町村のホームページの「キッズページ（子ども向けのページ）」をみると、何かきょうみのあることがみつかるかもしれないよ。

関東地方

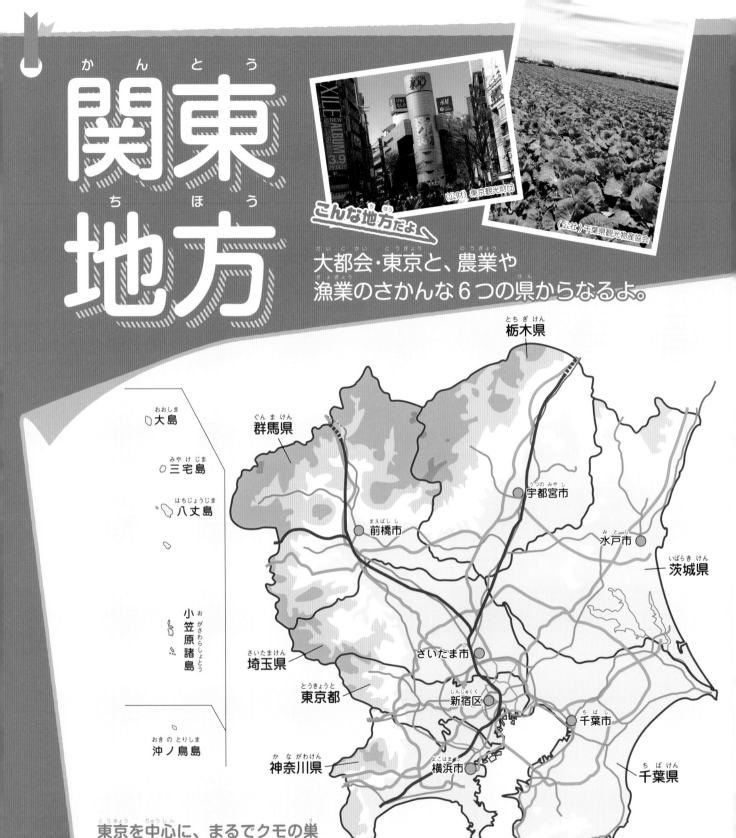

こんな地方だよ

(公財)東京観光財団

(公社)千葉県観光物産協会

大都会・東京と、農業や
漁業のさかんな6つの県からなるよ。

大島

三宅島

八丈島

小笠原諸島

沖ノ鳥島

群馬県

前橋市

栃木県

宇都宮市

水戸市

茨城県

埼玉県

東京都

さいたま市

新宿区

千葉市

神奈川県

横浜市

千葉県

太平洋

東京を中心に、まるでクモの巣
のように交通網がひろがる関東
地方。この交通網は、なんのた
めにつくられたのかな。

———	高速道路網
———	おもな鉄道網
━━━	新幹線

ひとの流れとものの流れ

☑ 日本中からひと・もの・おかねが集まる関東地方

地方ごとの経済規模をくらべてみよう

出典：内閣府　県民経済計算　平成 28 年度

北海道地方
約18 兆 2399 億円

中国地方
約 29 兆 247 億円

四国地方
約13 兆 8765 億円

東北地方
約 33 兆 60 億円

九州・沖縄地方
約 48 兆 2981 億円

関東地方
約208 兆 1717 億円

近畿地方
約89 兆6641 億円

中部地方
約92 兆 9992 億円

左の円グラフは、県内総生産を地方ごとにまとめて、くらべたもの。関東地方の経済規模が、圧倒的におおきいことがわかるね。

さらに 関東の 1 都 6 県でくらべると

栃木県
約8 兆 5931 億円

群馬県
約8 兆 1229 億円

茨城県
約 12 兆 3861 億円

東京都
約103 兆7524 億円

千葉県
約 19 兆 5391 億円

埼玉県
約22 兆 993 億円

神奈川県
約 33 兆 6785 億円

関東の 1 都 6 県で県内総生産をくらべてみると、東京都が全体の半分近くをしめていることがわかるね。

 県内総生産

1 つの都道府県で 1 年間に新しくうみだされたものやサービスの金額の合計のこと。それぞれの都道府県の経済力の目安になるよ。国の経済力をはかるときに使うのが「国内総生産」。

➡ 関東地方のなかでもとくに、東京都の経済規模がおおきい！

東京都の経済規模を支えているもの

ものの流れ

関東各地をはじめ、日本中から東京都にものが集まってくる

⬇

高速道路などの輸送ネットワークに支えられている

日本一
東京都
人口
1300万人
以上

＋

都外からの
通勤通学者
1日あたり
約290万人
以上

ものが
たくさん
売れる

昼間人口
1500万人
以上

日本最大の
消費地

ひとの流れ

神奈川県や埼玉県などからもたくさんのひとが東京都へ通勤・通学している

⬇

鉄道などの公共交通機関に支えられている

茨城県

いばらきけん | 関東地方

茨城といえば
筑波宇宙センター

平野が多い茨城県。耕地面積が北海道のつぎにおおきくて、日本でも有数の農業地帯だよ。おもな農産品は、コメや落花生など。帆船がゆうめいな霞ケ浦は、日本で2ばんめにおおきな湖だ。

茨城県の基本情報	
人口	約291万人
面積	約6097㎢
県の花	バラ
県の鳥	ヒバリ
県の木	ウメ
県庁所在地	水戸市
県章	

筑波山

関東の名山といえば、筑波山だ。高さは877メートル。「西の富士、東の筑波」といわれているんだよ。「サァーサァーお立会い」ではじまる「ガマの油売り口上」もゆうめい。

氷瀑 ❷

滝が凍るなんて、すごい！袋田の滝は、落差120メートルものおおきな滝なんだよ。

特産品
納豆

水戸市以外にも、茨城県各地で生産されている。生産量は、日本一！消費量だって全国トップクラスだ。

八溝山
福島県
❷
地層
久慈川

栃木県

那珂川
イワシ

納豆
県庁所在地
水戸市

落花生
鬼怒川
筑波山
関東平野
牛久大仏
れんこん
❶ 霞ケ浦
北浦
埼玉県
筑波宇宙センター
コメ

八溝山地

帆船 ❶

風のちからでうごく帆船は、霞ケ浦のシンボル。むかしは帆船で漁をしていたんだって。

千葉県
利根川

茨城県のココがスゴイ！ ベスト3

1 なんと！ 5億1100万年前の地層

地球が誕生したのは、いまから46億年前。あまりにも長すぎて、想像もつかないね。日本で発見された地層のなかで、いちばん古いのが5億1100万年前のもの。日立市というところで発見されたんだ。地層には、5億1100万年前の日本が記録されている。きみはいま、何歳？　いちばん古い記憶はどんなこと？　46億歳の地球がもっている、5億1100万年前の記憶は、どんなものなんだろう。

2 日本宇宙開発の 最前線基地 筑波

地球はなにいろ？　人類ではじめて宇宙から地球をみたひとは、「地球は青かった」といったんだって。ほんとかなぁ。この目でみてみたいね。筑波研究学園都市にある筑波宇宙センターでは、ロケットなどの開発をしているよ。宇宙にある国際宇宙ステーション日本実験棟「きぼう」の開発もしているし、宇宙飛行士の訓練もしているんだよ。日本でいちばん宇宙に近いのは、筑波かもしれないね。

3 ギネスも認めた世界一 牛久大仏

左の写真は、牛久大仏。下のほうにみえるのは、ひとだよ。すごくちいさくみえるよね。じつはこの牛久大仏、高さが120メートルもある。「青銅製立像」としては世界一の高さで、ギネスに認定されている。手のひらに奈良の大仏をのせられるほどのおおきさだ。大仏さまのなかに入ることもできるんだって。地上85メートルの、大仏さまの胸の部分にある展望台からは、富士山や東京スカイツリーもみえるんだよ。

おもしろ情報

**み～んなの心をいやしちゃうぞ
パロ　茨城うまれの世界のアイドル**

ロボットといっしょに暮らせたら、どんなに楽しいだろう！　茨城県で開発されたロボット、「パロ」は家族の一員としてひとの生活にとけこむロボット。呼びかけに反応してよろこんだり、おこったり、まるで心があるみたい。パロとのふれあいがひとの心を元気にするから、病院でも活躍しているんだよ。そのいやし効果は、ギネスブックも認めたほど。おなかがすいたら、えさ（充電）をおねだりしたりもするんだって！

栃木県

とちぎといえば
日光東照宮

| とちぎけん | 関東地方 |

関東の北にあるのが、日光でゆうめいな栃木県。イチゴの生産がさかんで、生産量は日本一。酪農もさかんで、乳牛の飼育頭数は北海道のつぎに多いんだよ。

栃木県の基本情報

人口	約 197 万人
面積	約 6408 ㎢
県の花	ヤシオツツジ
県の鳥	オオルリ
県の木	トチノキ
県庁所在地	宇都宮市
県章	

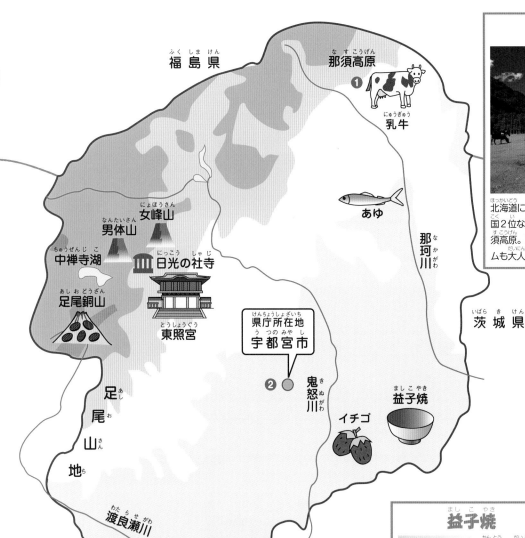

福島県

那須高原
❶
乳牛

女峰山
男体山

あゆ

中禅寺湖
日光の社寺

足尾銅山

那珂川

東照宮

県庁所在地
宇都宮市
❷

茨城県

鬼怒川

益子焼

イチゴ

足尾山地

渡良瀬川

群馬県

埼玉県

那須高原 ❶

北海道につぐ酪農大国の栃木県。生乳の生産量は全国2位なんだよ。なかでも、酪農がさかんなのが那須高原。那須の牛のミルクでつくったソフトクリームも大人気！

ぎょうざ ❷

宇都宮はぎょうざのまち。なんと、ぎょうざのお店が約200店もあるんだって。

益子焼

関東を代表する焼き物といえば、益子焼。毎年5月と11月に開催される陶器市も大人気なんだって。

特産品 イチゴ

生産量日本一！栃木のイチゴといえば「とちおとめ」。真岡市などで生産されているよ。

栃木県のココがスゴイ！ ベスト3

1 50年以上 イチゴの収穫量 チャンピオン

栃木県は日本一のイチゴの産地。夏と冬、そして昼と夜とで気温の差がおおきい栃木の気候が、イチゴのさいばいに適しているんだ。ゆうめいな品種は、なんといっても「とちおとめ」。新しい品種は「スカイベリー」っていうんだよ。スカイは英語で空、ベリーは果実。おおきさ、おいしさ、うつくしさが大空にとどくようなイチゴになりますようにという願いがこめられているんだ。

2 日本の公害問題の原点 足尾銅山

足尾銅山は、歴史ある銅山。江戸時代に発見されてから、1973年に閉山するまでの約360年間、採掘がおこなわれていたというからおどろきだ。閉山の理由は足尾銅山鉱毒事件。日本で最初の公害問題だね。現在、足尾銅山はかつての坑道を観光用に開放しているよ。700メートルもある坑道をトロッコで進めば、右の写真のようなリアルな人形が、採掘の様子を教えてくれる。

3 103の貴重な建造物 日光の2社1寺

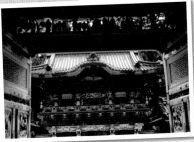

日光フォトコンテスト入賞作品

二荒山神社、日光東照宮、輪王寺。日光の2社1寺だね。江戸幕府をひらいた徳川家康が祀られているのが、日光東照宮だよ。じつは日光の2社1寺は、歴史的な価値だけでなく、芸術的な価値もとってもたかい。とくに、すばらしいといわれているのが、東照宮の陽明門。当時の日本のトップクラスの芸術家や大工さんたちがつくったんだよ。当時の最先端がつまった陽明門、いまみても大迫力だね！

おもしろ情報 大迫力！ 紫のカーテン 600畳分の大藤だな

初夏の花といえば、なにを思い浮かべるかな？　日本にむかしからあった花で、平安時代のひとたちにも愛されていたのが藤の花。初夏には、紫いろの花がぶら下がるようにして咲くんだよ。みたことあるかな。栃木県には、世界一うつくしいといわれている藤だながある。なんとそのおおきさは畳600枚分もあるんだ。藤の花はよく「カーテンみたい」っていわれるけど、これだけおおきいと「トンネル」だね。

群馬県

ぐんまけん | 関東地方

群馬 といえば

富岡製糸場

群馬県は、越後山脈と関東山地にかこまれていて、山がいっぱい。
火山や温泉が豊富だよ。北部の尾瀬は本州最大の湿原。群馬県の
形は、「ツルが飛んでる形」ともいわれるよ。

群馬県の基本情報

人口	約 197 万人
面積	約 6362 km²
県の花	レンゲツツジ
県の鳥	ヤマドリ
県の木	クロマツ
県庁所在地	前橋市
県章	

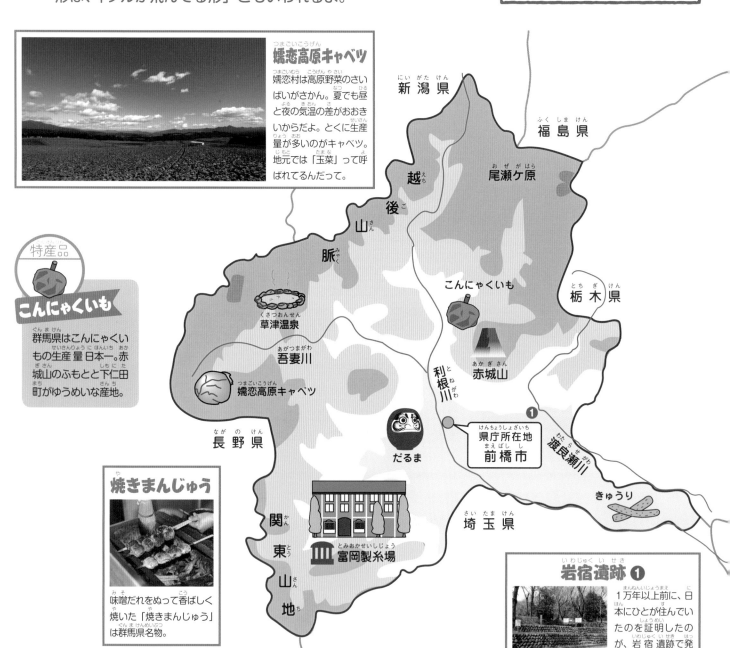

嬬恋高原キャベツ

嬬恋村は高原野菜のさいばいがさかん。夏でも昼と夜の気温の差がおおきいからだよ。とくに生産量が多いのがキャベツ。地元では「玉菜」って呼ばれてるんだって。

特産品 こんにゃくいも

群馬県はこんにゃくいもの生産量日本一。赤城山のふもとと下仁田町がゆうめいな産地。

焼きまんじゅう

味噌だれをぬって香ばしく焼いた「焼きまんじゅう」は群馬県名物。

新潟県

福島県

越後山脈

尾瀬ケ原

こんにゃくいも

栃木県

草津温泉

吾妻川

嬬恋高原キャベツ

赤城山

利根川

渡良瀬川

長野県

だるま

県庁所在地 前橋市

①

きゅうり

関東山地

富岡製糸場

埼玉県

岩宿遺跡 ①

1万年以上前に、日本にひとが住んでいたのを証明したのが、岩宿遺跡で発見された打製石器だ。

群馬県のココがスゴイ! ベスト3

1 日本一たくさんお湯が出る 草津温泉

1分間に約3万2000リットルの温泉がわきだす! 草津温泉からわきだすお湯の量は日本一。1日ではなんと、ドラム缶約23万本分にもなるんだって。お湯の温度も高いから、「湯もみ」をおこなうこともあるよ。「草津よいとこ一度はおいで」と歌いながら木の板でお湯をもむと、温度が下がってお湯がやわらかくなるんだ。徳川吉宗公は、草津の温泉をたるにつめて江戸に持ち帰らせたんだよ。よっぽど気にいったんだね。

2 ♪夏がくれば思い出す「夏の思い出」の舞台 尾瀬

尾瀬は本州最大の湿原。高山植物の宝庫としてもゆうめいだよ。尾瀬の冬は長くて、植物たちは半年以上を深い雪の下ですごす。やがて雪が溶けると、ミズバショウなどが咲きはじめて、春がくる。冬の長さにくらべると、尾瀬の春から秋はとても短いけれど、その短期間のあいだにたくさんの植物が花を咲かせて、実をつけるんだ。植物の種類はとても多くて、わかっているだけでも、900種類もあるんだよ!

3 日本近代化の象徴 富岡製糸場

明治時代の日本が先進国の仲間入りをするためには、経済力が必要だったんだ。1872年、日本政府は、生糸の輸出に力を入れるために、富岡に日本初の機械式製糸工場をつくった。富岡製糸場の誕生だ。明治政府がつくった官営工場のなかで、ほぼ完全な形で残っているのは富岡製糸場だけなんだ。レトロなたてものには、日本近代化のあゆみがつまっている。2014年6月25日、日本で18ばんめの世界遺産に登録されたよ。

おもしろ情報 だるま・達磨・ダルマ… だるまがいっぱい 高崎

高崎市はだるまの日本有数の産地。高崎でだるまづくりがさかんなのは、蚕を育てて繭をとる「養蚕」と関係があるんだ。群馬県はむかし、養蚕がさかんだった。蚕は繭をつくるまでに脱皮を4回くりかえすんだけど、脱皮することは「起きる」といわれていたから、七転び八起きのだるまは、養蚕農家の大切な守り神だったんだよ。選挙のあと、政治家のおじさんやおばさんが目を入れているのも、ほとんどが高崎うまれのだるま。

埼玉県

埼玉といえば
深谷ねぎ

さいたまけん ｜ 関東地方

東京都とのつながりが深く、ベッドタウンとして栄えてきた埼玉県。県庁所在地でなまえがひらがななのはさいたま市だけ。関東平野では農業がさかんで、とくに深谷ねぎがゆうめい。

埼玉県の基本情報

人口	約726万人
面積	約3797km²
県の花	サクラソウ
県の鳥	シラコバト
県の木	ケヤキ
県庁所在地	さいたま市
県章	

長瀞 ❷

荒川の中流にある長瀞。みどころは、天然記念物の「長瀞岩畳」とスリル満点の川下り！

特産品

深谷ねぎ

ねぎの生産量日本一の深谷市はねぎのまち。「ねぎみそ煎餅」もおいしいよ。

栃木県
群馬県
利根川
深谷ねぎ
熊谷
こいのぼり
茨城県
秩父盆地
荒川
関東平野
関東山地
❶
時の鐘
武甲山
長野県
県庁所在地 さいたま市
山梨県
東京都
狭山茶
千葉県

秩父夜祭 ❶

ちょうちんでかざられた山車や、冬の花火でゆうめい。日本三大曳山まつりのひとつだよ。

時の鐘

川越は、江戸時代には川越藩の城下町として栄えたんだ。シンボルは、江戸時代初期から城下町に時をしらせてきた時の鐘。鐘が鳴ればたちまち江戸の時間に??

埼玉県のココがスゴイ! ベスト3

1 名物 深谷ねぎ 生産量日本一!

深谷市は、農業がさかん。ひみつはふたつの川にある。荒川と利根川にはさまれた深谷市は、豊かな水と、栄養たっぷりの土にめぐまれているから作物を育てやすいんだ。ゆうめいなのは、生産量日本一の深谷ねぎ。やわらかくてあま〜い深谷ねぎは、深谷市のシンボル。1年中収穫できるけど、12月ごろから食べられる「秋冬ねぎ」は格別。冬には「深谷ねぎまつり」もひらかれるんだよ。

2 こいのぼりに桐だんす… 伝統工芸品がいっぱい

端午の節句といえば、かかせないのはこいのぼり。加須市は日本一のこいのぼりの産地。なんと、全長100メートルの世界一おおきなこいのぼりもつくられているんだよ。鴻巣市では、桃の節句にかかせないひな人形の生産がさかんだよ。高さ7メートルの「日本一高いピラミッドひな壇」がみられるのも鴻巣市。春日部市では、桐だんすの生産がさかん。埼玉県には、歴史ある伝統工芸品がたくさんあるんだ。

3 晴れ男・晴れ女がいっぱい!? 快晴が日本一多い

写真提供・熊谷市

くるくる変わる空もよう、みていると不思議だよね。みんなはどんなお天気が好きかな。おでかけの予定があるときは、快晴だとうれしいね。埼玉県は、快晴の日が多い。1年間の快晴日数が多い都道府県として、何度も日本一になっているんだよ。それから、熊谷市は、夏にはとても暑くなることでもゆうめい。なんと、夏の気温が40度以上になったこともあるんだ。暑い日には、熊谷の水でつくるかき氷「雪くま」が大人気!

おもしろ情報 もったいなくて使えない!? 「おもしろ消しゴム」大集合

八潮市には、「おもしろ消しゴム」をつくっている工場があるよ。おすしやくだものなどの食べものの形をしたものや、のりもの、動物など、いろんな種類があって、えらぶのも楽しい! カップラーメンの形の消しゴムだってあるんだよ。日本だけでなく、海外の人にも大人気で「魅力ある日本のお土産コンテスト」で金賞をとったこともあるんだ。「消しやすさ」だっておすみつきだけど、もったいなくて使えないね。

千葉県

ちばけん ｜ 関東地方

千葉といえば

落花生

千葉県は、太平洋と東京湾に面していて、漁業がとってもさかんだよ。とくに、銚子漁港は水揚げ量が多いんだ。水はけのよい土地をいかして、野菜づくりもおこなわれている。

千葉県の基本情報

人口	約 622 万人
面積	約 5157 ㎢
県の花	ナノハナ
県の鳥	ホオジロ
県の木	マキ
県庁所在地	千葉市

県章	

江戸川

茨城県

埼玉県

しょうゆ
醤油

下総台地

佐原

利根川

なし

東京都

なし

落花生

成田国際空港

九十九里平野

九十九里浜

イワシ

県庁所在地
千葉市

東京湾

銚子漁港

東京湾
アクアライン

イセエビ

房総半島

花畑

なし

千葉県のなしの生産量は日本トップクラス。江戸時代からなしのさいばいをしているんだよ。

特産品

落花生

千葉県の落花生の生産量は全国の約8割。「八街の落花生」はとくにゆうめいだ。

花畑

あたたかい気候をいかして、お花のさいばいもさかんな千葉県。とくに南房総市の花畑はゆうめい。

屏風ヶ浦 ❶

「東洋のドーバー」とも呼ばれる屏風ヶ浦。イギリスにあるドーバー海峡にある「白い壁」と似ているんだって。けわしいがけの海岸線が、10キロも続いているんだよ。

千葉県のココがスゴイ！ ベスト3

1 日本一の醤油の産地

ユネスコの無形文化遺産に登録されている和食。オムライスやハンバーグもおいしいけど、やっぱり和食はほっとするあじだよね。和食のあじつけにかかせないものといえば？ そう、醤油。千葉県は、醤油の生産量日本一なんだよ。なかでも野田市は、たるで醤油を醸造するむかしながらの蔵もある醤油のまちだ。醤油がしみこんだおせんべいは、地元のひとにも大人気。

2 水揚げ量20万トン以上！ 銚子漁港

千葉県は、漁業がとってもさかん。なんていったって、銚子漁港は日本一の港なんだ。水揚げ量は毎年20万トン以上。イワシやサンマの水揚げが多いことでもゆうめいだ。港まちである銚子では、漁師さんが漁が終わって港にかえるとき、「魚がたくさんとれたよ」ということを知らせるいろあざやかな大漁旗を、結婚や新築のお祝いなどのときにも使うんだって。

3 江戸よりすごいぞ！ 江戸優りの佐原

江戸時代の日本の中心は江戸。でも、香取市の佐原は、江戸より栄えているといわれていたんだ。そのすごさは「お江戸見たけりゃ佐原にござれ、佐原本町江戸まさり」といわれたほど。利根川を通じて江戸とつながっていたから、江戸にものを売ったり、江戸で仕入れたものを佐原の周辺に売ったりする商人がたくさんいたんだ。佐原の商家にうけつがれてきたごうかなひな人形が、当時の繁栄ぶりをおしえてくれる。

おもしろ情報 地球の磁場逆転のようすがみえるとっても貴重な地層

いまからおよそ77万年前～12万9千年前くらいまでの時代を「チバニアン」というよ。千葉県市原市の地層をみると、その頃の地球のようすがよくわかるから「チバニアン（ラテン語で千葉の時代という意味）」と名付けられたんだって。じつは地球は、時間をかけながらすこ～しずつ磁場（磁石などをくっつける力のある場所）のN極とS極を入れ替えている。市原市の地層は、いちばん新しい磁場逆転の証拠として、世界的にもゆうめいだよ。

東京都

東京といえば
東京スカイツリー

とうきょうと | 関東地方

日本の首都で、政治や経済の中心。伊豆諸島や小笠原諸島も東京都に含まれているよ。日本で3ばんめにちいさい面積に、1350万人以上ものひとが暮らしているよ。

東京都の基本情報

人口	約1351万人
面積	約2194 km²
都の花	ソメイヨシノ
都の鳥	ユリカモメ
都の木	イチョウ
都庁所在地	新宿区
都紋章	☀

特産品

椿油

伊豆諸島の大島には、たくさんの椿の木がある。大島椿の椿油は化粧品としても大人気。

もんじゃ焼き❶

できたてあつあつを「ハガシ」というヘラを使って食べる東京名物。月島には専門店がたくさん。

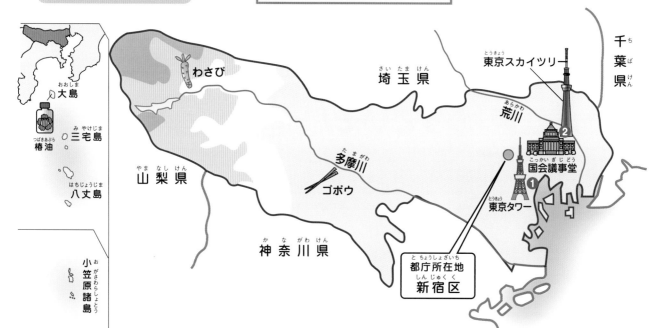

わさび
埼玉県
東京スカイツリー
千葉県
荒川
多摩川
ゴボウ
国会議事堂❷
東京タワー❶
山梨県
神奈川県
都庁所在地 新宿区
大島
椿油
三宅島
八丈島
小笠原諸島
沖ノ鳥島

高層ビル群

新宿区にある東京都庁第一本庁舎は、なんと高さ243メートル。展望室からは富士山もみえるんだ。都庁のまわりには、ほかにも200メートル級の高層ビルがならんでいるよ。

三社祭❷

5月におこなわれる浅草神社のおまつり。まつり好きの江戸っ子の活気であふれている。

東京都のココがスゴイ! ベスト3

1 日本の法律を決める! 国会議事堂

家族でも、友だちでも、ひとが2人以上あつまるとルールが必要だよね。きみが通っている学校にも、校則というルールがあるはずだよ。日本中みんなが仲よく、くらしやすい国にするためのルールが法律。法律を決めるのは、衆議院議員と参議院議員からなる国会議員とよばれるひとたちだよ。国会議員は、霞が関にある国会議事堂で話し合いをして法律を決めるんだ。この国会議事堂、つくるのに17年もかかったんだって!

2 世界一高い電波塔 東京スカイツリー

ばば〜ん! 右の写真は、世界一高い電波塔、「東京スカイツリー」だ。まわりのたてものと比べると、どれだけおおきいかがよくわかるね。その高さは、634メートル。「むさし」という、むかしの地名にちなんでいるんだよ。ちなみにスカイツリーは「スカイツリーホワイト」という、とくべつないろをしている。「藍白」という、日本の伝統色をお手本にしているんだって。

3 東洋のガラパゴス 小笠原諸島

©TCVB

東京都・港区からフェリーに乗って25時間半。太平洋の大海原を南に1000キロ進めば、小笠原諸島にとうちゃくだ。ここは東洋のガラパゴスと呼ばれているよ。ほかの大陸から遠く離れた場所にあって、長くひとの手が入らなかったから、小笠原諸島のなかでは、動物や植物たちが独自の進化をとげた。世界中で小笠原諸島にしかみられないめずらしい動物や植物がたくさんいるんだ。

おもしろ情報 ハチ公、ふくろう、モヤイ… 東京都民の待ち合わせ場所はへんてこだ

待ち合わせ場所は、わかりやすいところがいいよね。東京都の待ち合わせ場所は、たしかにめだっていてわかりやすいんだけど…。たとえば渋谷駅。ハチ公の像はゆうめいだよね。渋谷駅にはもうひとつ、待ち合わせスポットがあるんだ。それはなんと、モヤイ像(右の写真)。ほかにも、池袋駅の「いけふくろう」というふくろうの像や、新橋駅の前に展示されているSL(蒸気機関車)の前も待ち合わせ場所の定番なんだよ。

誌上社会科見学
東京都編

日本の政治と行政の中心地
永田町と霞が関

見学がもっと
楽しくなる！

社会科見学のしおり

●月×日 ▲曜日

行き先

政治のまち永田町と行政のまち霞が関

目的

テレビのニュースなどでよくみる永田町の国会議事堂や首相官邸、霞が関の官庁街など、日本の政治や行政の中心地を、自分の目でみてみよう。

政治・行政の中心地　永田町と霞が関情報

日本を動かすまち
国会議事堂がある永田町と、中央省庁が集まる霞が関は、日本の政治と行政の中心地だ。

政治・行政のしくみ

国会
国会議員が話し合って、法律や予算を決める。

内閣
国会で決まったことをもとに、省庁に指示を出して、国のしごとをする。

社会科見学スタート！

1

議員会館
衆議院・参議院　それぞれの議員の事務室が用意されているよ

国会議員の紹介がないとなかには入れないけど、高さおよそ60メートルもあるたてものが3つならんでいて、外からみてもなかなかの迫力。この3つのたてものに、衆議院と参議院の事務室があるんだ。

2 国会議事堂

あかいじゅうたんの上を歩けば、気分はまるで政治家!?

国会議事堂では、政治家のひとたちが国の予算や法律について話し合っているよ。廊下や階段などには、あかいじゅうたんがしかれている。

1936年にたてられた国会議事堂。「白亜の殿堂」とも呼ばれているんだよ。

参議院の議場。議席が半円状にならんでいて、独特のふんいきがあるね。

3 首相官邸

首相（内閣総理大臣）の事務室がある。内閣のほかの大臣と会議をしたりもするよ

首相官邸も、ふだんはなかに入ることはできないけど、ここが総理大臣のしごと場かと思うとワクワクしちゃうね。テレビなどでよくみる総理大臣の記者会見室もこの中にあるんだ。

4 霞が関官庁街

外務省、農林水産省、文部科学省……国のしごとをする省庁がずらり

内閣の指示を受けて、国のしごとをするのが省庁。霞が関には、日本がほかの国と仲良くするためにしごとをする外務省や、日本の農業をよくするためにしごとをする農林水産省などの省庁があるよ。

法務資料展示室も見学できる、法務省旧本館。

東京都の治安を担う警視庁の本部庁舎。

社会科見学のまとめ

永田町の国会議事堂や、霞が関の省庁などは、どれもたてものがすごくおおきかった。「このなかで、たくさんのひとが日本の政治や行政のために働いているんだな」と思いました。

神奈川県

かながわけん | 関東地方

神奈川といえば
高徳院の大仏

東は東京湾、南は相模湾に面している神奈川県。人口は、東京都のつぎに多いよ。国際貿易港として栄えた横浜や武家社会はじまりの地・鎌倉など各地域に独特の文化がのこっている。

神奈川県の基本情報

人口	約912万人
面積	約2416㎢
県の花	ヤマユリ
県の鳥	カモメ
県の木	イチョウ
県庁所在地	横浜市
県章	

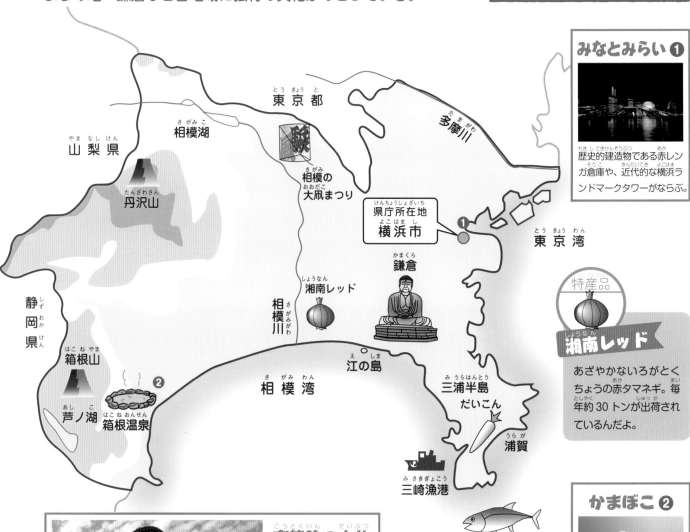

山梨県

相模湖

東京都

多摩川

丹沢山

相模の大凧まつり

県庁所在地 横浜市

東京湾

みなとみらい ❶

歴史的建造物である赤レンガ倉庫や、近代的な横浜ランドマークタワーがならぶ。

静岡県

箱根山

芦ノ湖

箱根温泉 ❷

相模川

湘南レッド

鎌倉

江の島

相模湾

三浦半島

だいこん

浦賀

三崎漁港

まぐろ

特産品 湘南レッド

あざやかないろがとくちょうの赤タマネギ。毎年約30トンが出荷されているんだよ。

高徳院の大仏

高さ約11メートル、重さ約121トンもある鎌倉の大仏。最初は大仏殿というたてもののなかに安置されていたけれど、津波に流されてしまってからは外に座る大仏になったんだ。

かまぼこ ❷

相模湾でとれた魚でつくられる小田原のかまぼこは、江戸時代から大人気の名産品だよ。

神奈川県のココがスゴイ！ ベスト3

1 箱根山の噴火でできた 芦ノ湖

約3000年前、箱根山が噴火した！ 芦ノ湖は、そのときにできた湖なんだ。火山の噴火で湖ができるなんて、ちょっと不思議だよね。芦ノ湖といえば、みどころは「逆さ富士」。左の写真みたいに、湖に富士山のすがたがくっきりとうつるんだ。それから、芦ノ湖ではなんと、海賊船にのれるんだよ。ヨーロッパでかつやくしていた軍艦をモデルにしてつくられた海賊船は迫力まんてんだ。

2 武家社会はじまりの地 鎌倉

いいくにつくろう鎌倉幕府。みんなも聞いたことあるんじゃないかな。鎌倉は、武士による政治がはじまったところ。それまでの日本は朝廷や貴族が中心の国だったから、武士による国づくりがはじまったことは、日本史のなかでも大事件だ。鎌倉はまさに、歴史のドラマの舞台なんだね。いまでも鎌倉では、高徳院の大仏や、初代将軍源頼朝ゆかりの神社、鶴岡八幡宮（右の写真）などが、当時のすがたをおしえてくれる。

3 ペリーが黒船でやってきた 浦賀

ペリーが浦賀にやってきたのは、1853年のこと。日本にはまだ、お侍さんがいた時代だね。当時、日本中が黒船をみておおあわて。だって黒船は、それまでみたこともないようなおおきさだったんだ。それが一度に4隻もきたんだから、びっくりなんてものじゃないよね。ペリーの来航からしばらくして、200年以上つづいた鎖国はおわった。ペリーの浦賀来航が、日本をおおきく変えたんだ。

おもしろ情報 畳100枚分！ 大凧が青空を舞う 相模の大凧まつり

毎年5月には「相模の大凧まつり」が盛大に開かれる。いちばんおおきい凧は、なんと畳128枚分。重さは950キロだ。日本一の大凧だよ。凧には、あかとみどりで2文字のことばが書かれている。文字は毎年変えられるんだって。ちなみに、2021年の文字は「輪風」。この大凧、あげるのにも一苦労で、100人もの人手が必要なんだ。おおきな凧を、大勢の「引き手」が引っ張って空へとあげる様子は大迫力！

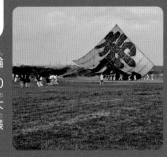

なぜなに 世界遺産

▶ 世界遺産ってなんだろう？

ユネスコ（国際連合教育科学文化機関）が、「人類のたからものとして世界中のみんなで大切にしましょうね」と約束をしたたてものや、自然などのことだよ。世界遺産の数は1000カ所以上！　日本にも23カ所の世界遺産があるんだよ。（2020年10月現在）

行ってみたい！みてみたい！ 日本の世界遺産リスト

日本の世界遺産（登録順）

写真提供：（一社）長崎県観光連盟

① 法隆寺地域の仏教建造物（奈良県）

② 姫路城（兵庫県）

③ 屋久島（鹿児島県）

④ 白神山地（青森県・秋田県）

⑤ 古都京都の文化財（京都府・滋賀県）

⑥ 白川郷・五箇山の合掌造り集落
　（岐阜県・富山県）

⑦ 原爆ドーム（広島県）

⑧ 厳島神社（広島県）

⑨ 古都奈良の文化財（奈良県）

⑩ 日光の社寺（栃木県）

⑪ 琉球王国のグスク及び関連遺産群（沖縄県）

⑫ 紀伊山地の霊場と参詣道（三重県、奈良県、和歌山県）

⑬ 知床（北海道）

⑭ 石見銀山遺跡とその文化的景観（島根県）

⑮ 小笠原諸島（東京都）

⑯ 平泉－仏国土（浄土）を表す建築・庭園及び考古学的遺跡群
　（岩手県）

⑰ 富士山－信仰の対象と芸術の源泉（静岡県・山梨県）

⑱ 富岡製糸場と絹産業遺産群（群馬県）

⑲ 明治日本の産業革命遺産　製鉄・製鋼、造船、石炭産業
　（岩手県、静岡県、山口県、福岡県、熊本県、佐賀県、長崎県、鹿児島県）

⑳ 国立西洋美術館本館（東京都）

㉑ 「神宿る島」宗像・沖ノ島と関連遺産群（福岡県）

㉒ 長崎と天草地方の潜伏キリシタン関連遺産（長崎県、熊本県）

㉓ 百舌鳥・古市古墳群（大阪府）

修学旅行や家族旅行で行ったことのある場所はあるかな。写真は、㉒の長崎県の大浦天主堂（左）と、出津教会堂（右上）だよ。

写真提供：（一社）長崎県観光連盟

こんなにすごい！ 日本の世界遺産

きみは、世界遺産をみにいったことはあるかな？ 「世界のたからもの」世界遺産の魅力を、ちょっとだけご紹介。

自然がすごい！

太平洋に浮かぶ楽園

「東洋のガラパゴス」と呼ばれる小笠原諸島は、いきものたちの楽園。海のなかにも、小笠原にしかいないいきものがいるんだって。

©TCVB

400歳の「お母さんの木」!?

天然のブナ原生林がひろがる白神山地では、推定樹齢400歳の「マザーツリー」に会える。高さ30メートルもある、どっしりとした巨木だよ。

歴史がすごい！

400年前にたてられた名城

白壁がうつくしい姫路城は、日本のお城のなかでも最高傑作といわれているよ。江戸時代のはじめにたてられた天守がいまものこっているんだ。

日本最古の洋風木造建築

写真は、日本が鎖国を終えた頃、長崎にやってきたグラバーさんという商人の家だった建物。グラバーさんは、日本の近代化にすごく貢献したんだ。

© 2020 九州観光推進機構

文化がすごい！

たくさんの祈りがつまった「道」

紀伊山地の険しい山道を越え、熊野三山へおまいりにむかったひとたちの祈りの足跡がきざまれた熊野古道は、「道」が世界遺産なんだよ。

提供：熊野本宮観光協会

世界中のひとがうっとり

俳句や絵画など、日本人の芸術作品のモチーフとして親しまれてきた富士山。そのうつくしい姿をみれば、きみの芸術心もうずうずしちゃう!?

もっと りたい世界遺産

世界遺産は、だれがどうやって決めているの？
これからも増えるの？　世界遺産の舞台裏をのぞいちゃおう。

知りたい　世界遺産として認めてもらうためには どうすればいいの？

➡ その遺産が、「人類のたからもの」としての価値があるということを、ユネスコ（国際連合教育科学文化機関）の世界遺産委員会に認めてもらうことが必要だよ。

富岡製糸場の世界遺産内定に喜ぶひとたち

ユネスコ（国際連合教育科学文化機関）世界遺産委員会のチェックポイント

① 世界中のひとにとって大切な遺産かな？

② 未来に伝えていくための体制は整っているかな？

どちらも OK なら、世界遺産として認められる

知りたい　世界遺産って、これからも増えるの？

➡ 増えるかも!?　世界遺産の「暫定リスト」に注目しよう

ユネスコ（国際連合教育科学文化機関）の審査に合格すれば、世界遺産として認められるよ。滋賀県の彦根城などは、世界遺産として認めてもらうための準備をしているところ。日本で、24 ばんめに世界遺産になるのはどこかな。

日本の世界遺産「暫定リスト」（審査を受ける準備をしているところ）（令和2年9月現在）

● 古都鎌倉の寺院・寺社ほか
● 彦根城
● 飛鳥・藤原の宮都とその関連資産群
● 北海道・北東北の縄文遺跡群
● 金を中心とする佐渡鉱山の遺産群
● 平泉－仏国土（浄土）を表す建築・庭園及び考古学的遺跡群（拡張申請）
● 奄美大島、徳之島、沖縄島北部及び西表島

世界遺産で学ぼう 日本の近代化のあゆみ

世界遺産たんとうはん
とくべつへんしゅう

たくさんの遺産からみえてくる「物語」こそいちばんの魅力

最近、いくつかの地域にまたがる複数の遺産で構成される世界遺産が増えている。

例えば「明治日本の産業革命遺産 製鉄・製鋼、造船、石炭産業」は、岩手県、静岡県、山口県、福岡県などの8つの県にある、23の資産で構成されているよ。

100年以上にわたり、造船所ではたらき続けている「ジャイアント・カンチレバークレーン」（135ページにのっているよ）をはじめ、構成資産にはどれも、わくわくするようなドラマがつまっているんだ。

世界遺産登録の決め手は、23の資産全部をみたときに、明治時代の日本がたどった近代化のあしあとがよくみえること。長く鎖国を続けた日本は、世界の産業化に遅れをとってしまったけれど、明治時代に、日本中のいろんなところで、いろんなひとたちが努力をして、産業化を成功させたんだ。東アジアの小国にすぎなかった日本が、産業化によって一気に先進国に仲間入りしたことは、当時の世界を大いに驚かせた。どうしてそんなすごいことができたんだろう。「明治日本の産業革命遺産」には、その謎を解くカギがあるかもしれないね。

構成資産のひとつ、明治時代にたてられた旧鹿児島紡績所技師館。

「技術立国」日本の原点？ 韮山反射炉のココがすごい！

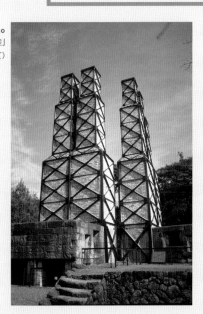
これが韮山反射炉だよ。
写真協力：「「明治日本の産業革命遺産」世界遺産協議会」（P55の写真すべて）

静岡県伊豆の国市にある韮山反射炉は、「明治日本の産業革命遺産」の構成資産のひとつ。反射炉とは、大砲をつくるために、鉄を溶かすなどのこと。江戸時代の終わり頃、江戸幕府の指揮でつくられた、当時の最新の科学技術を活かしたせつなんだ。実際に大砲をつくった反射炉で、現在まで残っているのは韮山反射炉だけ。とても貴重なものなんだね。ちなみに、東京都に「お台場」という場所があるけれど、そこはもともと、韮山反射炉でつくった大砲を置くための場所だったんだって。

韮山反射炉をつくるとき、リーダーの役目を果たしたのが、江川太郎左衛門英龍というひと。当時の伊豆の国市のあたりを治めていたお代官さまだよ。民衆のことを考えてよい政治をおこなったから、いまでも地元のひとからとても尊敬されているんだ。パンを日本に広めた「パン祖」としてもゆうめいだよ。

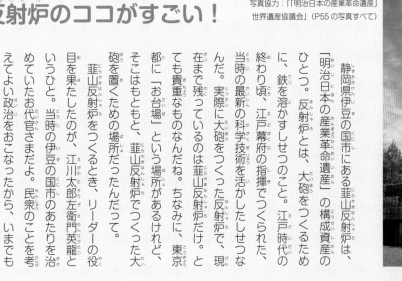

中部地方

こんな地方だよ

© (公社)とやま観光推進機構

高〜い山々がつらなる中部地方。日本の
ものづくりの中心的な地域でもあるよ。

北陸・甲信・東海と、おおきく3つの地域に分けられる中部地方。それぞれの地域にとくちょう的な文化や産業がねづいているよ。

佐渡島

日本海

新潟県

新潟市

信濃川

北陸地方

富山県

富山市

神通川

石川県

金沢市

飛騨山脈

長野市

長野県

福井市

甲信地方

福井県

東海地方

木曽山脈

赤石山脈

甲府市

山梨県

岐阜市

木曽川

富士川

岐阜県

名古屋市

静岡市

長良川

天竜川

大井川

愛知県

太平洋

静岡県

伝統工芸品・くだもの・工業

 ## 中部地方の３つの地域

北陸地方

コメづくりと伝統工芸品

北陸地方では、夏場は日本海側のすずしい気候をいかしてコメづくりを、雪がたくさん降って農業ができなくなる冬場には、伝統工芸の技術をみがいてきたんだ。

北陸地方のおもな伝統工芸品

| 石川県 | 金沢箔 | 九谷焼 | 加賀友禅 | 輪島塗 | など |
| 富山県 | 高岡銅器 など | | 福井県 | 越前和紙 など | |

 冬に雪がたくさん降る気候は、北陸地方のさまざまな伝統工芸品を育む土台となったんだね。

甲信地方

山がちな地形とくだものづくり

甲信地方では、高い山に囲まれた盆地でくだもののさいばいがさかん。昼と夜の温度差がおおきい盆地の気候は、くだものをあまく育てるのにかかせないんだ。

甲信地方で生産がさかんなくだもの

| 長野県 | りんご | ブルーベリー | モモ | など |
| 山梨県 | ブドウ | モモ | スモモ | など |

 長野県のりんごや山梨県のモモなど、甲信地方のくだものは盆地の気候によっておいしく育てられているんだね。

東海地方

太平洋ベルトの中心として

太平洋ベルトのほぼ中心に位置する東海地方は、工業がさかん。とくに、製造品出荷額日本一の愛知県は、日本の工業をひっぱるリーダー的な存在。

東海地方のおもな工業製品

| 愛知県 | 自動車 | 鉄鋼 | 繊維 | など |
| 静岡県 | 製紙 | 楽器 | 蛍光灯 | など |

 自動車産業でゆうめいな愛知県などがある東海地方は、日本の工業の中心地なんだね。

新潟県

にいがたけん　｜　中部地方

新潟
といえば

コシヒカリ

中部地方の北にある新潟県。日本を代表するコメの産地だね。弓のような形がとくちょう的だ。特別天然記念物・トキのいる佐渡島もゆうめいだね。

新潟県の基本情報

人口	約 230 万人
面積	約 12584 ㎢
県の花	チューリップ
県の鳥	トキ
県の木	ユキツバキ
県庁所在地	新潟市
県章	

佐渡金山

かつて、金78トン、銀2300トンが採掘された、日本最大の金銀山だったんだよ。

小千谷縮 ❶

伝統的な麻織物だよ。雪の上でひざしをあびせる「雪さらし」は雪国ならではの春の風物詩なんだって。

カキ

粟島

両津港

ブリ

佐渡金山

佐渡島

県庁所在地
新潟市

新潟東部
太陽光発電所

かき

エダマメ

越後
平野

阿賀野川

越後

信濃川

山形県

山脈

福島県

牛の角突き

コシヒカリ

❶
西福寺・開山堂

酒

飛騨山脈

谷川岳

富山県

長野県

群馬県

日本海

特産品

コシヒカリ

魚沼産コシヒカリといえば、おいしいおコメの代名詞だね。豊富な雪どけ水がおいしさのひみつ。

太陽光発電所

新潟には、おおきな発電所が多い。新潟東部太陽光発電所にあるソーラーパネルは、雪がふっても、パネルに積もらないようにパネルの角度などを工夫しているんだって。

新潟県のココがスゴイ! ベスト3

1 コメ製品ならなんでもござれ

新潟県のコメの生産量は、北海道とならんでトップクラス。1年を通じてすずしい気候や、阿賀野川や信濃川などがあって水が豊富なことなどが、新潟でコメづくりがさかんな理由だよ。おコメといえば、しろいごはんもおいしいけれど、おせんべいだってつくれちゃう。おとなになったら、新潟のおコメでつくったお酒ものめるかもね。新潟は、おコメの楽しみかたもいっぱいだ。

2 「東洋のミケランジェロ」石川雲蝶 ゆかりの地

中世ヨーロッパで、たくさんのすぐれた作品をのこしたミケランジェロ。日本にも、「東洋のミケランジェロ」と呼ばれるひとがいるんだよ。江戸時代末期に活躍した木彫りの名工、石川雲蝶だ。作品はどれもダイナミックで、言葉が出ないほどの圧倒的な迫力がある。とくにゆうめいなのが西福寺・開山堂の天井にある彫刻。雲蝶がのこした作品が伝える衝撃は、いまもたくさんのひとをひきつけているんだ。

3 トキにあえる 佐渡島

朱鷺。なんて読むか、わかるかな。正解は、トキ。トキは季節によって羽のいろがかわるんだ。寒い時期には、しろい翼の内側が朱鷺いろ(やさしいももいろ)になるから、「トキ」だよ。江戸時代の終わりごろまでは、日本中に生息していたんだけど、2003年に日本のトキは絶滅してしまった。佐渡ではその後、中国からゆずりうけたトキを大事に育てているんだ。エサのとり方などを教えて、自然にもどす訓練をしているんだよ。

おもしろ情報

最後は仲良く引き分けね 伝統行事「牛の角突き」

闘牛をみたこと、ある? 二頭の牛が、角をぶつけあって激しいたたかいをくりひろげる様子は、大迫力! 闘牛は日本各地でおこなわれているけど、新潟県の闘牛はちょっととくべつで、勝敗を決めないんだ。農業の大事なパートナーだった牛をいたわる気持ちからうまれたルールだよ。決着がつく前に、まだ闘志にふるいたっている牛を、15人がかりで引き離すところもおおきなみどころだ。

富山県

富山といえば
ホタルイカ

とやまけん ｜ 中部地方

富山県の基本情報	
人口	約 106 万人
面積	約 4247 ㎢
県の花	チューリップ
県の鳥	ライチョウ
県の木	タテヤマスギ
県庁所在地	富山市
県章	

富山湾と、豊かな川にめぐまれて、水資源が豊富な富山県は、漁業だけでなく、農業もさかん。富山平野は日本有数のコメどころなんだよ。砺波平野はチューリップでゆうめいだ。

ホタルイカ
富山湾
ブリ
シロエビ
スイカ
石川県
庄川
コシヒカリ
県庁所在地 富山市
とやまの薬
砺波平野
チューリップ
富山平野
神通川
白川郷と五箇山の合掌造り集落
黒部川
新潟県
白馬岳
剱岳
立山
飛騨山脈（北アルプス）
黒部ダム
①
薬師岳
長野県
岐阜県

アルペンルート❶

雪の壁のなかをバスなどで進むよ。雪の多いときにはなんと、壁の高さは20メートルにもなる。

特産品
チューリップ

富山は、チューリップの生産がさかん。チューリップは富山の春にかかせないんだ。

蜃気楼❷

江戸時代以前からの蜃気楼の名所、魚津。発生率が高いのは、4〜5月なんだって。

とやまの薬売り

いまでも製薬業がさかんな富山県。ルーツは300年前にはじまった、家庭への常備薬の販売。薬売りでたくわえたお金は、明治以降の富山の近代化におおきく貢献したんだよ。

富山県のココがスゴイ！ ベスト3

1 高さ日本一！ 大迫力の黒部ダム

水煙って、みたことある？ 水が細かくとびちって、煙みたいにみえるんだ。水が煙にみえるなんてすごいよね。黒部ダムでは、豪快な放水によって水煙がまきあがるよ。晴れていれば虹だって出る。なんといっても、黒部ダムは高さが186メートルもあるんだ。もちろん日本一。世界でもトップクラスだよ。186メートルの高さから、毎秒10トン以上もの水が放出される観光客のためにおこなわれる放水は、大迫力！

2 キトキト！ 富山のお魚

富山湾の魚介類はキトキトだ。キトキトっていうのは、富山の方言で、「新鮮」っていう意味だよ。富山湾は「天然のいけす」ともいわれるほど、魚介類がたくさんとれる。世界でも富山湾でしかとれない「富山湾の宝石」シロエビに、「富山湾の王者」ブリ…。量だけでなく、種類だってたくさん！ さらに富山湾は、まちとの距離が近いから、魚介類が新鮮な状態で食卓にならぶんだ。まさに「キトキト」！

3 ♪咲いた、咲いた… 日本一のチューリップ♪

富山県は、チューリップの生産量が日本トップクラスなんだ。とくに、生産がさかんなのが砺波。毎年4月の下旬から開催される「となみチューリップフェア」では、なんと300万本のチューリップがならび、まるでチューリップのじゅうたんみたい。富山県ではチューリップの品種開発もさかんなんだ。「炎の恋」なんていうドキッとしちゃうなまえの、あざやかなあかが炎をイメージさせるチューリップもあるんだよ。

おもしろ情報

富山湾に春を告げる「青白い光」 これ、な〜んだ??

右の写真は、春の富山湾。まだ夜が明ける前、波打ちぎわには青白く光る物体が！ 正体は、「富山湾の神秘」ホタルイカだ。体長が5センチくらいで、青白く光るのがとくちょう。春になると、深い海の底で暮らしているホタルイカが産卵のために岸近くまで集まってくる。やがて潮が引くと、海に戻れなくなったホタルイカが波打ちぎわに打ち上げられるんだ。「ホタルイカの身投げ」といわれる富山湾の春の風物詩だよ。

石川県

金沢箔

いしかわけん ｜ 中部地方

石川県の基本情報

人口	約115万人
面積	約4186㎢
県の花	クロユリ
県の鳥	イヌワシ
県の木	アテ（ノトヒバ）
県庁所在地	金沢市
県章	

たてに細長い形がとくちょうの石川県。県庁所在地の金沢市は、江戸時代には「加賀百万石」といわれて栄えた地域だ。加賀友禅など伝統工芸品の生産がさかんだよ。

ズワイガニ

白米千枚田

輪島塗

能登半島

七尾湾

舳倉島

七ッ島

能登島

青柏祭

スルメイカ

スイカ

金沢平野

富山県

県庁所在地
金沢市

金沢箔

手取川

金沢城

コシヒカリ

両白山地

白山

岐阜県

福井県

輪島塗

何度もうるしをぬってつくられた輪島塗。うつくしさだけでなく、じょうぶさもとくちょうなんだよ。

兼六園 ❶

日本三名園のひとつ。写真は、雪の重さで松がおれないようにするための「松の雪つり」。

特産品 スルメイカ

石川県はイカ釣りがさかん。5～8月ごろ、全国からイカ釣り漁船があつまるんだよ。

輪島朝市 ❷

輪島朝市には「買うてくだぁー」という元気な声がひびく。売られているものには値札がついていなくて、値段は交渉しだいなんだって。売り手も買い手もやり取りを楽しむんだよ。

石川県のココがスゴイ！ ベスト3

1 華やか！ 金箔のシェア日本一

　金箔、みたことある？　金閣寺にはられているのも金箔だし、左の写真のように、工芸品にはられているものもある。さいきんでは、金箔入りあぶらとりがみやケーキなどもあるよ。いちばんゆうめいなのは「金沢箔」。生産量日本一なんだ。金箔はとってもうすくて、あつさは1万分の1ミリ。約2グラムの金を、畳1枚分までにのばしてつくられる。技術をうけついできた、熟練の職人さんがいてこそ生産できるんだよ。

2 田んぼが1000枚以上！ 白米千枚田

　田んぼって、どうやって数えるか知ってる？　「1枚、2枚…」と数えるんだよ。輪島市の白米町には、山の急な斜面に1000枚以上の田んぼがある。田んぼがうねうねと入りくんだ形がとってもとくちょう的だね。ひとつひとつの田んぼ自体もちいさいから、機械を入れることができない。作業はいまも手作業なんだよ。冬には2万個のLEDのイルミネーションをつかった「あぜのきらめき」がおこなわれるよ。

3 江戸時代のすがたがみえる 城下町の金沢

　金沢といえば、加賀百万石の城下町。迷路のように入りくんだ路地も、城下をおさめていた前田藩がつくったものなんだ。左の写真は、加賀藩の武士たちが住んでいた長町の武家屋敷。いまもひとが住んでいるんだよ。むかしながらの料亭などがあつまる茶屋街では、夕方になると、芸姑さんがしゃなりしゃなりと歩いている。加賀藩が180年かけてつくった日本庭園・兼六園も、忘れちゃいけない金沢のシンボルだ。

おもしろ情報 日本でいちばん高い山車！ 聞いてびっくり 何メートルかわかるかな？？

　みんなが住んでいるところには、どんなおまつりがあるかな。七尾市でおこなわれる「青柏祭」の主役はなんといっても、おおきな曳山。その名も「でか山」だ。高さは12メートル、重さはなんと20トン。直径2メートルのタイヤをきしませながら進むんだ。曳山としては日本最大。山の上段には、歌舞伎の名場面を人形で再現する舞台があるよ。巨大な曳山を90度回転させて方向転換する「辻廻し」は迫力まんてん！

福井県

ふくいけん | 中部地方

福井といえば

恐竜

カギみたいな形の福井県、じまんは若狭湾のリアス海岸だ。福井平野では、コメの生産がさかんで、コシヒカリのふるさとなんだ。恐竜の化石がたくさん発見されている恐竜王国でもあるよ。

福井県の基本情報

人口	約78万人
面積	約4190 ㎢
県の花	スイセン
県の鳥	ツグミ
県の木	マツ
県庁所在地	福井市
県章	

おぼろ昆布 ❶

酢でやわらかくした昆布をうすくけずりだすのは、職人の手によって受けつがれてきた伝統の技。

越前和紙

高級手すき和紙として高い人気をほこる越前和紙。なんと1500年の歴史があるんだよ。

県庁所在地
福井市
❷

特産品

越前がに

福井県でとれるズワイガニのことを、越前がにというんだよ。福井県の冬の味覚の王さまなんだ。

越前がに

コシヒカリ

九頭竜川

トマト

石川県

勝山市

両白山地

福井平野

めがね

越前和紙

池田町のかずら橋

岐阜県

若狭湾

滋賀県

カレイ

イカ

三方五湖

野坂山地

❶

京都府

東尋坊 ❷

日本海の荒波にけずられてできた、高さ25メートルの岩ぺき。上に立てば、足がすくむ!? なかには、「ライオン岩」や「ハチの巣岩」というめずらしい形の岩もあるんだって。

福井県のココがスゴイ! ベスト3

1 コシヒカリ 福井うまれの おいし〜いおコメ

きみのおうちで食べているおコメは、なんていうなまえ? お友だちにも聞いてみてね。たぶん、いちばん多いのはコシヒカリじゃないかな。おコメのなかで、いちばん生産量が多いのがコシヒカリ。コシヒカリはじつは、福井県うまれなんだよ。福井県はむかし、越の国と呼ばれていたから「越の国に光輝くように」と願ってなづけられたんだって。いまでは全国で生産され、日本中で輝いているね。

2 めがねといったら… メイドイン鯖江!

鯖江はめがねのまち。1905年に鯖江にめがねフレームづくりの技術が伝わってから、100年以上。いまではなんと、日本国内のめがねフレームの9割以上が鯖江産。世界でもゆうめいなめがねの産地なんだよ。鯖江のめがね職人の技が、日本を飛びだして世界でも認められているんだ。すごいよね。鯖江のめがねは、ケンタッキーフライドチキンのシンボル、カーネル・サンダースおじさんにプレゼントされたこともあるんだって。

3 太古のロマン 恐竜がいた!?

勝山市では、たくさんの恐竜の化石が発見されている。左の写真は、勝山市で発見された恐竜の足あと。ほかにも、骨の化石や卵のからなどが発見されているよ。地球に恐竜があらわれたのは、いまから2億2千万年前だって。恐竜が地球からいなくなったのは、それから1億6千万年後だと考えられている。気が遠くなるほどむかしむかし、勝山に足あとをのこしたのはいったい、どんな恐竜?

おもしろ情報 ドッキドキ! ぐらぐら揺れるかずら橋「永遠の愛」がかなうってホント??

かずら橋、わたったことある? 一歩踏みだすと、ギシリ。橋がぐらぐらゆれる。手すりをぎゅっとにぎって下をみれば、おおきくあいた踏み板のすきまからは、12メートル下の足羽川がみえる。足がすくんで、つぎの一歩がなかなか出せない……。池田町のかずら橋は、スリル満点! この橋の上で愛をちかうと、永遠に幸せになれるんだって。こわいけど…このドキドキをわかちあうことできずなが強まるのかもね。

山梨県

やまなしけん | 中部地方

山梨といえば
ミネラルウォーター

山梨県の基本情報

人口	約83万人
面積	約4465km²
県の花	フジザクラ
県の鳥	ウグイス
県の木	カエデ
県庁所在地	甲府市
県章	山

面積のほとんどが山地の山梨県は、富士山、八ケ岳、北岳と、高い山にかこまれているね。甲府盆地では、ブドウやモモなどのくだものの生産がさかんだよ。

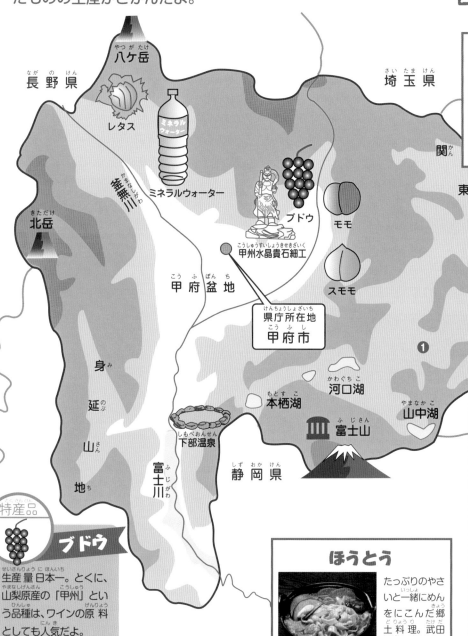

八ケ岳

長野県

レタス

ミネラルウォーター

釜無川

北岳

甲府盆地

甲州水晶貴石細工

ブドウ

モモ

スモモ

県庁所在地
甲府市

身延山地

下部温泉

富士川

本栖湖

河口湖

山中湖

富士山

静岡県

埼玉県

関東山地

東京都

神奈川県

超電導リニア❶

大月市と都留市には、車体が線路からういた状態ではしる超電導リニアの実験線があるんだ。

ワインづくり

たくさんブドウがとれる山梨県は、ワインの生産量だって日本一だ。なんと、1200種類以上のワインを生産しているんだって。おとなしかあじわえないなんて、するいなあ。

ほうとう

たっぷりのやさいと一緒にめんをにこんだ郷土料理。武田信玄も食べていたかも??

特産品

ブドウ

生産量日本一。とくに、山梨原産の「甲州」という品種は、ワインの原料としても人気だよ。

山梨県のココがスゴイ！ ベスト3

1 おいしいお水は山梨うまれ

お水は、どこからやってくる？　水道水は、浄水場でろかされたお水。大地にしみこんだお水が、地下でろかされ、地中のミネラルをとりいれたものがミネラルウォーター。ミネラルウォーターは天然の浄水場を通っているんだね。日本でも有数の「天然の浄水場」があるのが山梨県。ミネラルウォーターの生産量は日本でもトップクラスなんだ。なかでも生産量が多いのは、南アルプスのふもとの北杜市だよ。

2 スモモもモモも「ブドウ」もいちばん！

山梨の春は、モモの花の季節。なんといっても山梨は、モモの生産量日本一。県内にたくさんあるモモの木が、こいピンクいろの花をいっせいに咲かせると、あたりはまるで桃源郷。山梨では、モモよりすこしすっぱいスモモの生産量も日本一。夏になるとモモとスモモの出荷で農家は大忙しなんだよ。秋になれば、こんどはブドウの出荷だ。ブドウも生産量日本一！まさにフルーツ王国だね。

3 水晶研磨でつちかった技術の宝石箱

山梨はむかし、ゆうめいな水晶の産地だったから、水晶を磨いて加工する技術が育まれてきたんだ。「甲州水晶貴石細工」のおきものやじゅずなどは、江戸時代から大人気だったんだよ。いまでも水晶研磨の技術は、宝飾品の加工技術にいかされているんだよ。でも、水晶研磨の技術がいかされてるのは、それだけじゃない。山梨は、半導体などの精密機械を加工する技術もトップクラスなんだ。

おもしろ情報

よみがえる　世紀の合戦 桃源郷の戦国時代絵巻!!

戦国時代、各地でたくさんのたたかいがおきていた。なかでも、はげしいたたかいとして語りつがれているのが「川中島の合戦」。「風林火山」でゆうめいな武田信玄と、軍神とまでいわれた上杉謙信の一騎打ちが実現したんだ。両軍あわせて、8000人のきせい者のでたこの合戦を毎年再現しているのがモモでゆうめいな笛吹市。780名の参加者によって再現される戦国時代絵巻は、手にあせにぎる大迫力だ！

長野県

ながのけん | 中部地方

長野 といえば

松本城

長野県の基本情報

人口	約209万人
面積	約13561 km²
県の花	リンドウ
県の鳥	ライチョウ
県の木	シラカバ
県庁所在地	長野市
県章	

日本で4ばんめに面積がおおきい長野県。南北に長い形をしているね。その面積のほとんどを、3000メートルをこえる高い山がつらなり「日本の屋根」といわれているのもとくちょうだ。

奈良井宿 ❶

江戸時代、宿場町として栄えた奈良井宿のまちなみは、いまも観光地として人気だよ。

お焼き

別名「焼きもち」。野沢菜やあんこなどの具が入っている、むかしながらの郷土料理だ。

特産品

レタス

レタス生産量日本一の長野県。なかでも生産量が多いのが「レタスの村」とよばれる川上村。

松本城

松本市のシンボル、松本城。1593年ごろにたてられたんだ。現存するお城のなかで、いちばん歴史があるんだよ。戦国時代の姿がそのままのこっているなんて、すごいね！ 北アルプスをうしろにひかえる黒い天守の松本城は、とってもかっこいい。

新潟県
県庁所在地 長野市
千曲川
りんご
わさび
ぶどう
飛驒山脈（北アルプス）
富山県
松本盆地
松本城
あんず
群馬県
穂高岳
浅間山
関東山地
乗鞍岳
野辺山宇宙電波観測所
諏訪大社
八ケ岳
御嶽山
諏訪湖
レタス
埼玉県
木曽川
伊那盆地
山梨県
木曽山脈（中央アルプス）
赤石山脈（南アルプス）
岐阜県
赤石岳
天竜川
静岡県
愛知県

長野県のココがスゴイ! ベスト3

1 日本アルプス みわたすかぎり 山、山、山

長野県は、「日本の屋根」。3000メートルをこえる高い山がつらなる「日本アルプス」があるから、そう呼ばれているよ。飛騨山脈、木曽山脈、赤石山脈の3つの山脈をまとめて日本アルプスとよぶんだ。左ページの地図をみると、長野県が高い山にかこまれていることがわかるよね。長野の暮らしは、山ときりはなせないんだ。みわたせば、いつもそこに山がある暮らしって、どんな感じだろうね。

2 レタス、キャベツ、セロリ… 夏野菜ならまかせてよ!

長野県の農産物といえば、ゆうめいなのはりんご。安曇野のわさびなんかもゆうめいだ。山地のすずしい気候をいかして、いろんな作物をつくっている長野県。野菜の生産だってさかんだよ。とくに、夏野菜の生産量がとっても多いのがとくちょう。なかでも、レタスの生産量は日本一! そのほかにも、キャベツやセロリ、トマトなどの生産量も、全国トップクラスなんだよ。

3 ブラックホールをみつけたぞ! 野辺山宇宙電波観測所

南牧村の野辺山宇宙電波観測所には世界最大級の電波望遠鏡があるんだ。その直径はなんと、45メートル! そんなにおおきな望遠鏡で、いったいなにをみているの? その答えは、電波。宇宙にあるものは、ほとんどが目にはみえない電波を出している。きみの体からも、電波が出ているんだよ。野辺山の電波望遠鏡は、電波を調べることで、世界ではじめて宇宙にブラックホールが存在することをしょうめいしたんだ。

おもしろ情報 長野県にある「奇跡の村」が教えてくれること 村づくりはひとづくり

川上村は、奇跡の村といわれている。なぜって? かつては貧しい農村だったのに、いまではレタスさいばいがさかんで、若いひとも農業で活躍する元気な村になったから。川上村は、農業政策よりも先に、24時間開館の図書館などをつくって、住民の生活を充実させる工夫をしたんだ。ひとを育てれば、産業はあとからでも育つ。そのことを信じて村長さんががんばった結果、いまではレタス生産量 日本トップクラスの村になったんだよ。

岐阜県

白川郷

| ぎふけん | 中部地方 |

山岳地帯の北部と、平野のひろがる南部では、環境や文化がおおきく変わる岐阜県。北部の飛驒・高山地域は富山県とのつながりが深く、南部の美濃地域は愛知県とのつながりが深いよ。

岐阜県の基本情報

人口	約203万人
面積	約10621 km²
県の花	レンゲソウ
県の鳥	ライチョウ
県の木	イチイ
県庁所在地	岐阜市

| 県章 | 岐 |

さるぼぼ

飛驒地方に伝わる人形。病気などを遠ざけてくれるお守りとして親しまれてきたんだ。

特産品

飛驒牛

岐阜県で育てている牛のなかでも、とくにすぐれたものが「飛驒牛」としてみとめられる。

富山県

飛驒牛

白川郷と五箇山の合掌造り集落

トマト ❶

白山

石川県

両白山地

槍ケ岳

穂高岳

飛驒山脈（北アルプス）

乗鞍岳 ❷

高山祭 ❶

飛驒商人のまちとして栄えた、高山のおまつり。ごうかにかざられた曳山がゆうめいだ。

福井県

食品サンプル

伊吹山地

揖斐川

鵜飼

長良川

飛驒川

美濃焼

木曽川

木曽山脈

長野県

滋賀県

アユ

かき

濃尾平野

県庁所在地
岐阜市

愛知県

三重県

乗鞍スカイライン ❷

北アルプスの乗鞍岳を登る、日本でいちばん高いところにある山岳道路。冬の雪壁、秋の紅葉はもちろん、みどころはなんといっても雲海。雲をみおろすのはどんなきもち？

岐阜県のココがスゴイ！ ベスト3

1 300年もののマイホーム 白川村合掌造り

雪がたくさんふる地域を豪雪地帯というよ。岐阜県の飛騨高山は豪雪地帯。むかしから、豪雪にそなえるくらしの工夫があったんだ。そのひとつが、合掌づくりの家。屋根の角度を急にして、しぜんと雪がすべりおちるようにしているんだ。白川村にはいまでも、合掌づくりの家がならぶ集落がある。なんと江戸時代にたてられたものもあるんだよ。時代をこえて、暮らしのちえが生きているんだね。

2 1300年の歴史 信長も愛した 鵜飼

おもしろうて　やがて悲しき　鵜舟かな。松尾芭蕉が長良川の鵜飼をみて詠んだ句だよ。長良川の鵜飼は、1300年もの歴史がある伝統的な漁法。歴史上の人物にもファンが多いんだ。戦国時代をかけぬけた大スター、織田信長も鵜飼の見物が好きだったんだって。みどころは、鵜と鵜匠のかけあい。鵜匠は、手縄ひとつで鵜をあやつって魚をつかまえるんだ。信長も、魚がとれるたびにかん声をあげていたかもしれないね。

3 日本の焼き物といったら「美濃焼」でしょ！

岐阜県の美濃地方は、あるものの産地として全国的にゆうめいだよ。なんの産地かわかるかな。正解は美濃焼。美濃焼は、1000年以上の歴史のある日本を代表する焼き物なんだ。焼き物のふるさと・美濃はいまでも、日本有数の食器の産地。きみのおちゃわんも、美濃でつくられたものじゃない？　美濃では、伝統的な焼き物の技術をいかしたタイルやセラミックの生産もさかんなんだよ。

おもしろ情報　目でみておいしい　本物以上にリアル!? 食品サンプル

レストランに行ったら、迷うのがメニューえらび。ショーウインドウにならぶメニューは、どれもおいしそうなんだもん！　本物そっくりのメニューのみほんは、「食品サンプル」っていうんだよ。岐阜県は、食品サンプルの生産量日本一。郡上八幡市出身で、食品サンプルのうみの親といわれる岩崎瀧三さんがはじめてつくった食品サンプルはオムレツ。記念すべき第1号だから、「記念オム」となづけられたんだって。

静岡県

しずおかけん | 中部地方

東西に長い静岡県は、なんだか金魚みたいな形だね。駿河湾にある焼津漁港の水揚げ量は、日本でもトップクラス。牧之原台地では、お茶やみかんの生産がさかんだよ。

静岡県の基本情報

人口	約370万人
面積	約7777 km²
県の花	ツツジ
県の鳥	サンコウチョウ
県の木	モクセイ
県庁所在地	静岡市
県章	

特産品

お茶

静岡は、お茶の生産量日本トップクラス。あたたかい気候がお茶づくりに適している。

赤石岳

（南アルプス）赤石山脈

長野県

天竜川

大井川

愛知県

ピアノ

浜名湖

うなぎ

牧之原台地

お茶

②

遠州灘

富士川

山梨県

富士山

みかん

① 県庁所在地 静岡市

焼津漁港

駿河湾

カツオ

サクラエビ

神奈川県

大瀬神社

伊豆半島

富士山

高さ日本一、3776メートルの富士山。静岡県がわからの姿は「女富士」とよばれているよ。

久能山東照宮 ❶

徳川家康が祀られているごうかな神社。いまはロープウェイがあるけど、むかしは石段をのぼって参拝していたんだ。1159段だから「いちいちごくろうさん」と呼ばれているんだよ。

ベッコウトンボ ❷

トンボが多いことでゆうめいな桶ケ谷沼は、日本でも数少ないベッコウトンボの生息地。

静岡県のココがスゴイ！ ベスト3

1 日本有数の *お茶どころ* 静岡

駿河路や　はなたち花も　茶のにおい。またまた登場、松尾芭蕉の句だ。駿河とは、いまの静岡県のこと。江戸時代からすでにゆうめいなお茶どころだったんだね。静岡はいまでも、1年間に約3万トンを生産している日本有数のお茶の産地だ。日本でいちばん生産されている品種「やぶきた」も静岡うまれ。やぶをきりひらいてつくった茶園の北がわにできたお茶だから、「やぶきた」なんだって。

2 国産ピアノ第1号がつくられたまち 浜松

きみのすきな楽器はなんだろう。ピアノかな。ギターかな。楽器は、どこでつくられていると思う？　静岡県は、楽器の生産がさかんなんだ。なかでも浜松市は、国産ピアノ第1号がつくられた音楽のまちとしてゆうめいだよ。はじまりは、いまからおよそ120年前にできた山葉風琴製作所。浜松で風琴（＝オルガン）をつくっていたこの会社こそが、後に世界的な楽器メーカーとなるヤマハだ。いまでは掛川市でピアノをつくっているよ。

3 駿河湾だけのおいしさ「海の宝石」サクラエビ

駿河湾でしかとれないとっておきのおいしさがある。それはなんだと思う？　正解はサクラエビ。国産サクラエビは100パーセント駿河湾産なんだよ。とうめいできれいな桜いろをしているから「海の宝石」ともいわれているんだ。サクラエビ漁のシーズンは、毎年春と秋の2回。漁のあとには、富士川の河川敷でサクラエビの天日干しがおこなわれるよ。左の写真の赤いじゅうたんは、ぜんぶサクラエビ！

おもしろ情報
天下の奇祭!? 船の上で女装しておどる「大瀬まつり」

駿河湾では毎年4月4日に、大瀬まつりがひらかれるんだ。駿河湾に春をつげるこのおまつり、みどころはなんといっても「勇み踊り」。なまえのとおり、勇ましいおどりと思いきや…？　大漁旗でかざった漁船の上でおどっているのは、女装した男のひとたち。「♪ちゃんちゃらおかし、ちゃらおかし♪」。おしろいで顔をまっしろにした男のひとたちが陽気なかけ声にあわせておどるその姿、まさに天下の奇祭！

愛知県

あいちけん | 中部地方

愛知といえば

自動車

知多半島と渥美半島が三河湾をとりかこむユニークな形をした愛知県。「東京と京都の中間地点にあるみやこ」だから「中京」とも呼ばれてきたよ。人口は全国で4ばんめに多いんだ。

愛知県の基本情報

人口	約748万人
面積	約5173㎢
県の花	カキツバタ
県の鳥	コノハズク
県の木	ハナノキ
県庁所在地	名古屋市
県章	

特産品

うなぎ

うなぎの養殖がさかんな愛知県。なかでも一色町は、養殖100年の歴史があるうなぎのまち。

招き猫❶

常滑焼の産地としてゆうめいな常滑市は、招き猫の生産量日本一。市内には、「とこなめ見守り猫 とこにゃん」という巨大な招き猫がいるんだって。ご利益もおおきいのかな!?

手羽先

名古屋には名物がたくさんあるけど、甘からいあじのとりの手羽先ははずせない!

名古屋城

「尾張名古屋は城でもつ」といわれる名古屋城。天守と金のしゃちほこは、名古屋市のシンボル。

木曽川
犬山城
濃尾平野
瀬戸もの
岐阜県
長野県
矢作川
熱田神宮
金魚
名古屋城
三重県
県庁所在地 名古屋市
岡崎平野
自動車
豊川
伊勢湾
❶
豊橋平野
トマト
静岡県
うなぎ
知多半島
佐久島
三河湾
渥美半島
キャベツ

愛知県のココがスゴイ！ ベスト3

1 日本の自動車産業の中心 豊田市

愛知県は、ものづくりが得意なんだ。愛知のものづくりときいて、なにが思い浮かぶ？　いちばんゆうめいなのは自動車だね。トヨタ自動車に代表される愛知県の自動車産業は、出荷台数日本一だ。でもそれだけじゃない。愛知県の高い技術は、飛行機やロケットの部品づくり、それからロボットの製造にもいかされている。そのどれもが日本トップクラスのシェアをほこるからびっくりだ。

2 戦国オールスターそろいぶみ！ 天下人のふるさと

愛知県では、戦国時代を代表する3人の戦国武将がうまれているよ。その3人のなまえは、織田信長、豊臣秀吉、徳川家康。ほかにたくさんいる愛知県うまれの戦国武将のなかでも、この3人はとくべつ。同じ時代に愛知県でうまれ、同じ天下統一の志をもちながら、「天下人」と呼ばれるのはこの3人だけ。ほかの武将と、天下人になった3人とを分けたものはなんだったんだろうね。

3 宇宙にとびだせ！ 弥富の金魚

おびれをゆらゆらさせて、水のなかをおよぐすがたがなんともかわいらしい金魚。弥富市は、金魚の生産量が全国トップクラスなんだ。弥富の金魚はなんと、宇宙旅行をしたこともあるんだよ。日本初の女性宇宙飛行士・向井千秋さんといっしょに、弥富の金魚6匹が、スペースシャトル・コロンビア号にのって宇宙へとびだったんだ。金魚たちは、「宇宙酔い」の実験のために宇宙へ行ったんだって。

おもしろ情報　おひるだって「モーニング」 喫茶店天国　名古屋

名古屋に行ったら、手羽先に、味噌煮込みうどんに……。食べたいものがいっぱいだ！　でも、忘れちゃいけないのが喫茶店で食べる「モーニング」。名古屋の喫茶店では、午前中の時間帯に飲みものをたのむと、トーストやゆでたまごなどの朝ごはんがついてくるところが多いんだって。コーヒーのおまけに、朝ごはんがついてくるなんてすごいよね！　なかには1日中「モーニング」を出してくれるお店もあるとか。

モーニングの1例。あんこののった「小倉トースト」も、名古屋の名物なんだよ。

日本のものづくりの中心地
愛知県

見学がもっと楽しくなる！

社会科見学のしおり

●月×日　▲曜日

行き先

日本のものづくりの中心地・愛知県

目的

愛知県は、工業がさかん。ものづくりにまつわるいろんなしせつを見学し、日本のものづくりの中心地・愛知県を自分の目でみてみよう。

愛知県のものづくり情報

製造品出荷額

40年以上連続日本一！

製造品出荷額は、ものをつくってお店などに販売した金額。愛知県の製造品出荷額は、1977年から連続で日本一だよ。

自動車・焼き物・繊維…あれもこれも製造品出荷額日本一！

ゆうめいな自動車のほか、焼き物や繊維、さらにはロボットまで、日本一の分野がいっぱい。

社会科見学スタート！

1
リニア・鉄道館（愛知県名古屋市）

蒸気機関車からリニアまで本物の車両がずらり！

新幹線生産両数日本トップクラスのメーカーがある愛知県。リニア・鉄道館では、鉄道の歴史やしくみを楽しく学べるよ。蒸気機関車や新幹線など、展示されている39両はなんと、すべて本物！

2 トヨタ産業技術記念館
（愛知県名古屋市）

愛知県の近代産業を支えた繊維機械と自動車を知る

日本の近代化を支えた繊維産業と、進化し続ける自動車産業について学べるしせつ。トヨタグループの創業者、豊田佐吉が発明したG型自動織機❶や、トヨタ初の自動車トヨダＡＡ型乗用車❷などが展示されているよ。

トヨタ自動車の最新の乗用車などが展示されているショールーム。

環境にやさしいハイブリッドカーについても知ることができるよ。

3 トヨタ会館
（愛知県豊田市）

「世界のトヨタ」の最先端のものづくりに迫る

トヨタ本社内にあるトヨタ会館では、トヨタ自動車の環境技術や、自動車のつくりかたなどを学べるよ。最新の技術がいかされた車両などの展示もあるよ。

4 愛知県陶磁美術館（愛知県瀬戸市）

焼き物のまち、瀬戸で伝統工芸の技術にふれる

日本有数の焼き物の産地、瀬戸市にある愛知県陶磁美術館。愛知県だけでなく、世界中の焼き物が展示されているよ。陶芸体験にもチャレンジしてみよう。

社会科見学のまとめ

自動車や鉄道などの分野で時代の先端をいく愛知県のものづくりは、歴史ある工芸技術や産業技術によって支えられているんだということがわかりました。

もっと知りたい 地図のいろいろ

「地図」は、学校や果樹園、工場など、土地の使い方を表した図のことをいうよ。でも地図には、いろんな種類や役割があるんだ。地図のことをよく知ると、都道府県のことを勉強するのがもっと楽しくなるよ。

地図にはどんな種類があるの？

古地図

「特別大図 八丈島」（千葉県香取市 伊能忠敬記念館所蔵）

観光マップ

「おいでよ！ あらかわ」（荒川区産業経済部観光振興課）

ハザードマップ

国土地理院ウェブサイト 重ねるハザードマップ より

地図のいろいろ

「古地図」は、昔の人がつくった地図。ゆうめいなものに、江戸時代に伊能忠敬がつくった地図があるよ。伊能忠敬は、自分で日本中を歩いて地図をつくったひとなんだ。旅行に行くときは、「観光マップ」で名所や名物グルメを調べておきたいね。台風や地震などの災害に備えるためには、防災に必要な土地の情報をまとめた「ハザードマップ」が役に立つよ。

地図は防災にも欠かせない

自然災害が起きたときに正しい行動をとるためには、土地の形や、海や川の水の流れなどを知っておくことが、とっても大切。地図は、災害に備えるためにも欠かせないものなんだ。きみの住んでいるまちにも、地震や洪水などに備えるためのハザードマップがあるはずだよ。インターネットなどで調べてみよう。「ここは災害が起きたとき、安全かな？」と考えながらまちを歩いてみて、考えたことや調べたことをまとめた地図をつくってみるのもいいね。

愛媛県宇和島市立三浦小学校「防災キッズ TOYOURA 4」
（第 16 回「ぼうさい探検隊マップコンクール」文部科学大臣賞受賞作品）

自分だけの地図をつくってみよう!

地図は、ながめるだけじゃもったいない!
世界にひとつだけのてづくり地図をつくってみよう。

例えば、こんな地図はどうかな?

いま住んでいる
都道府県の魅力を
地図で
紹介してみよう

特産品やゆうめいな建物、おまつりなど、自分の好きなことやものを、文字やイラストでかいてみよう。写真を載せると、もっと見やすい地図になるね。工夫しだいで、楽しい地図がつくれるよ。電車が好きなら、「好きな駅ベスト3」をかいてみるのもいいかも!

通学路の地図を
自分で
つくってみよう

家から学校までの地図を自分でかいてみよう。地図にかいてみると、歩きなれた道もちょっとちがってみえるかも。地図記号(102、103ページで紹介しているよ)をつかってみると、本格的でかっこいい地図になるから、お友達にもじまんできちゃうね。

前後・上下・なんじゃらほい

むかしの日本は「五畿七道」に分けられていたよ。「五畿」は、都のあった京都を中心にした5つの国。「七道」は、街道沿いにつくられた7つの地域で、そのなかにたくさんの「国」があったんだよ。各地の旧国名、どれだけ知っているかな？

旧国名のひみつ — 都に近い方が「上」なのよ!?

むかしの国のなまえには、「上下」「前（中）後」がついているものが多い。たとえば、東山道の上野・下野や、山陽道の備前・備中・備後など。じつは、どちらが「上（前）」になるかにはあるルールがあって、むかし都があった京都に近い方が「上（前）」なんだ。だから東海道の上総は、地図上の位置は下総よりも下だけど、下総よりも京都に近いから「上総」なんだね。

旧国名と駅のなまえ

鉄道の駅名には、旧国名が使われているものが多い。たとえば、神奈川県の「武蔵中原駅」。武蔵中原駅よりも先につくられていた「中原駅」（佐賀県）と区別するために、頭に旧国名をつけたんだって。日本には、○○村や△△区など、おなじ地名がたくさんあるから、駅名を区別するために、「旧国名」＋「地名」でできた駅名がたくさんあるんだよ。

明治元年の日本地図
—— 道の境　----- 国の境

美濃焼
能登
越前和紙
隠岐
加賀
越前
山城
丹後
若狭
美濃
備中
因幡
丹波
出雲大社
伯耆
但馬
近江
出雲
美作
摂津
伊勢
石見
備後
播磨
大和
安芸
備前
尾
対馬
長門
周防
讃岐
紀伊
伊賀
志摩
壱岐
阿波
伊賀
筑前
伊予
淡路
和泉
豊前
土佐
河内
肥前
筑後
阿波おどり
豊後
肥後
日向夏
日向
薩摩
さつまいも
大隅

東山道	北陸道	東海道	山陰道
山陽道	南海道	西海道	畿内

どんとこい 旧国名！

陸奥
陸中（りくちゅう）
羽後（うご）
陸中（りくちゅう）
羽前（うぜん）
陸前（りくぜん）
渡（ど）
越後（えちご）
岩代（いわしろ）
磐城（いわき）
下野（しもつけ）
上野（こうづけ）
常陸（ひたち）
武蔵（むさし）
下総（しもうさ）
斐（ひ）
上総（かずさ）
相模（さがみ）
安房（あわ）
河（が）
伊豆（いず）

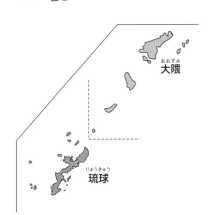

飛騨牛（ひだうし）

大隅（おおすみ）

琉球（りゅうきゅう）

蝦夷（えぞ）

いまにのこる旧国名（きゅうこくめい）

伝統工芸品（でんとうこうげいひん）や特産品（とくさんひん）など、むかしから
その地域（ちいき）で育（はぐく）まれてきたものには、旧
国名（こくめい）がつけられているものが多（おお）いね。

くらべてみよう いまの日本地図（にほんちず）

北海道地方（ほっかいどうちほう）
中部地方（ちゅうぶちほう）
東北地方（とうほくちほう）
中国地方（ちゅうごくちほう）
関東地方（かんとうちほう）
九州・沖縄地方（きゅうしゅう・おきなわちほう）
四国地方（しこくちほう）
近畿地方（きんきちほう）

いまの日本地図（にほんちず）の都道府県（とどうふけん）と、明治元年（めいじがんねん）の日
本地図の国（くに）とでは、どんなところがちがうか
な。地図をみくらべて考（かんが）えてみよう。

近畿
きんき
地方
ちほう

©(公財)大阪観光局

こんな地方だよ

歴史の教科書にも登場する、
歴史的な建物がたくさんあるよ。

日本海
にほんかい

京都府
きょうとふ

滋賀県
しがけん

兵庫県
ひょうごけん

京都市
きょうとし

大津市
おおつし

淀川
よどがわ

神戸市
こうべし

大阪市
おおさかし

奈良市
ならし

津市
つし

大阪府
おおさかふ

大和川
やまとがわ

淡路島
あわじしま

三重県
みえけん

和歌山市
わかやまし

紀ノ川
きのかわ

紀伊山地
きい さんち

奈良県
ならけん

太平洋
たいへいよう

和歌山県
わかやまけん

奈良や京都を中心に、歴史あ
なら きょうと ちゅうしん れきし
るたてものが多い近畿地方。
おお きんきちほう
川や海にめぐまれているから、
かわ うみ
ふるくから貿易がさかんだよ。
ぼうえき

近畿地方の キーワード 歴史的風土と貿易港

 ### 歴史あるたてものやまちなみ

むかし、日本の都があった近畿地方には、歴史あるたてものやまちなみがたくさんのこされているよ。「つぎの世代にのこすべき歴史的価値の高い地域」として「古都」に指定された市町村も、近畿地方にいちばん多いんだ。

近畿地方にある古都指定都市

京都府	京都市
奈良県	奈良市、斑鳩町、天理市、橿原市、桜井市、明日香村
滋賀県	大津市

! 古都指定都市

日本の歴史のなかで、政治や経済の中心として重要な役割を果たしてきた市町村が指定される。指定された市町村では、歴史的なたてものやまちなみを保存していくための取組がおこなわれるんだ。近畿地方のほかに、神奈川県の鎌倉市や逗子市などが「古都」に指定されているよ。

 ### 2つの貿易港

天下の台所 大阪

トラックも飛行機もない時代、ものを運ぶのに、船が大活躍していた。だから、川があって、海に面している大阪は国内貿易の拠点になれたんだ。日本中からおかねやものが集まる「天下の台所」として、とても栄えたんだよ。

江戸時代に大阪が果たした役割

江戸時代
⬇
運河が整備される
⬇
日本全国からものが集まる
「天下の台所」
⬇   ⬇
淀川や大和川を通じて奈良や京都へ運ばれる | 大阪湾から江戸へ運ばれる

国際貿易港 神戸

1868年に開港して以来、日本の貿易を支えてきた国際貿易港。いまでも、日本有数の貿易額をほこる港だよ。中華街の「南京町」や、外国のひとたちが暮らしていた洋館がのこる「北野異人館街」は、およそ150年にもわたってひとやもの、文化が行き交う港まち・神戸らしい風景。

神戸の過去と未来を包む光
神戸ルミナリエ

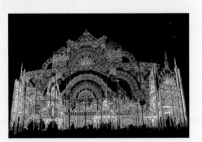
© Kobe Luminarie O.C.

1995年1月17日、兵庫県南部をおそった阪神淡路大震災の犠牲者への慰霊と復興への祈りをこめ、1995年12月にはじまった「神戸ルミナリエ」。ルミナリエは、イタリアうまれの幻想的なイルミネーション。「神戸ルミナリエ」には、神戸のまちの明るい未来への希望と、忘れられない記憶に寄り添う思いが込められているんだ。

三重県

三重といえば

伊勢神宮

みえけん ｜ 近畿地方

南北におよそ 180 キロもある、細長い形がとくちょうの三重県。県の北部は伊勢湾に、南部は太平洋に面しているよ。松阪牛やイセエビなどの高級食材の産地としてもゆうめい。

三重県の基本情報

人口	約 181 万人
面積	約 5774 ㎢
県の花	ハナショウブ
県の鳥	シロチドリ
県の木	ジングウスギ
県庁所在地	津市
県章	

岐阜県

愛知県

木曽川

特産品

イセエビ

三重県は、イセエビの漁獲量日本トップクラス。なんと1年間で200トン以上もとれるんだって。

四日市石油化学コンビナート

鈴鹿サーキット

滋賀県

京都府

❸

布引山地

伊勢平野

伊勢湾

県庁所在地 **津市**

伊勢うどん❶

伊勢神宮にお参りした帰りには、伊勢うどんをお忘れなく。くろいたれがとくちょうだ。

伊勢神宮

❶

❷

イセエビ

伊賀忍者❸

伊賀上野は忍者のふるさと。いまでいうスパイのような仕事をしていたんだって。

奈良県

高見山地

紀伊山地

松阪牛

志摩半島

カキ　アワビ

和歌山県

海女❷

海にもぐって、アワビなどをつかまえる海女さん。テレビドラマで大人気になったよね。相差町は、いまもたくさんの現役海女さんがいる全国的にもめずらしい「海女のまち」なんだ。

三重県のココがスゴイ！ベスト3

1 アマテラスオオミカミを祀る伊勢神宮

日本人の「心のふるさと」といったら、どこのこと？　こたえは伊勢神宮。衣食住の神様を祀る外宮と、天皇家のご先祖様であるアマテラスオオミカミを祀る内宮をはじめ、125もの宮社があるんだよ。20年にいちどの「式年遷宮」は、たとえるなら「神様のおひっこし」。神宮の建物を新しくつくりかえて、神様にリフレッシュしてもらうんだ。この式年遷宮は、1300年も続いているんだよ。

2 石油化学コンビナートの四日市

中京工業地帯にふくまれる三重県は、工業がさかんなんだよ。津市では造船や金属工業が、サーキットのある鈴鹿市では自動車工業などがさかん。玉城町にはかぎの生産量日本一の工場があるよ。なかでも、石油化学コンビナートがある四日市市は、一大工業都市。石油化学コンビナートは、複数の石油化学工場のあつまりだよ。最近では、夜景のきれいさでも注目されているんだって！

3 風をきりさいて進め！鈴鹿サーキット

鈴鹿サーキットは、日本初の本格的なサーキット。車やバイクが速さをきそう、モータースポーツのコースだ。ここでは、世界最大級の車のレース、F1の日本グランプリや、世界中のオートバイライダーがあこがれる8時間耐久レースなどが開かれるんだ。スタートの合図とともに、マシンがいっせいにはしりだすと、サーキットはごう音につつまれる。それはまるで、風がきりさかれているような音なんだよ。

おもしろ情報　世界の真珠王の島、その名もミキモト真珠島

真珠は、貝からとれる。でも、貝のなかに必ず真珠があるわけじゃないんだ。1000個の貝から、3粒の真珠がとれるか、どうかなんだって。だから、真珠の養殖は難しいと考えられてきた。でも、1893年、ひとりの日本人が世界ではじめて真珠の養殖にせいこうしたんだ。そのひとこそが、世界の真珠王こと、御木本幸吉。世界初の真珠養殖がおこなわれた島は、いまではミキモト真珠島と呼ばれているんだよ。

これがミキモト真珠島。

滋賀県

しがけん | 近畿地方

滋賀といえば
琵琶湖

地図をみれば一目りょう然、どーんとおおきい琵琶湖がシンボルの滋賀県。大阪のベッドタウンとして栄えてきた地域もあるよ。近江盆地ではコメの生産がさかんなんだ。

滋賀県の基本情報

人口	約 141 万人
面積	約 4017 ㎢
県の花	シャクナゲ
県の鳥	カイツブリ
県の木	モミジ
県庁所在地	大津市
県章	

特産品

近江牛

ブランド牛の中でも歴史が長い近江牛。近江牛の味噌づけは江戸時代から食べられていたんだ。

フナずし ❷

琵琶湖でとれたフナを、ごはんと一緒につけこんでつくる郷土料理。

岐阜県

福井県

野坂山地

伊吹山地

比良山地

京都府

❶

琵琶湖

❷ フナ

彦根城

近江盆地

❸

近江牛

延暦寺

コメ

鈴鹿山脈

三重県

信楽焼

県庁所在地
大津市

長浜曳山まつり ❶

豊臣秀吉の長男誕生をいわってはじまったといわれるおまつり。山車の上でおこなわれる「子ども歌舞伎」が大人気。5〜12歳までの男の子が、約40分間、歌舞伎をひろうするんだよ。

近江商人 ❸

おもに江戸時代、近江（現在の滋賀県）を拠点に、全国各地で活躍していたんだ。

滋賀県のココがスゴイ! ベスト3

1 日本最大 近畿の水がめ 琵琶湖

琵琶湖は、世界で3ばんめに古い湖。できたのはなんと、いまから約400万年前といわれているよ。面積は約670平方キロメートルで、日本最大だ。滋賀県の面積の6分の1をしめる琵琶湖は、京都や大阪でも飲料水や産業用水として利用されている。まさに「近畿の水がめ」だね。琵琶湖には、ここだけにしかいない生物もたくさんいるんだよ。琵琶湖名物フナずしの材料、ニゴロブナも琵琶湖にしかいないんだ!

2 たぬきの置物といえば信楽焼

たぬきの置物といえば、なんといっても信楽焼。えんぎのよい置物として、全国的に親しまれているよ。信楽焼は、甲賀市の信楽町で鎌倉時代からつくられている焼き物のことだよ。日本でいちばん歴史ある焼き物のひとつと考えられているんだ。たぬきの置物がつくられるようになったのは昭和のこと。わかい信楽焼の職人さんが、たぬきがおなかをぽんぽこと打っているところをみたのがきっかけなんだって。

3 1200年の歴史 比叡山延暦寺

いまからおよそ1200年前、最澄というお坊さんが京都と滋賀の県境にある比叡山にお寺をたてた。それが、「日本仏教の母山」といわれる延暦寺のはじまりだ。ちなみに、延暦寺というお寺はなくて、お堂や塔がたくさんある比叡山ぜんたいを延暦寺と呼ぶんだよ。延暦寺で修行したお坊さんたちは、日本の仏教におおきな影響をのこした。延暦寺にはいまでも、修行中のお坊さんがいるんだよ。

コレが
メンターム

おもしろ情報

アメリカからやってきたのはダジャレ好きの「青い目の近江商人」??

リップスティックといったら「メンターム」。きみのおうちにも1本はあるんじゃないかな。メンタームをつくっているのは、滋賀県に本社がある近江兄弟社だよ。創業者は、「青い目の近江商人」メレル・ヴォーリズ。明治時代、キリスト教の布教のためにアメリカから近江八幡市にやってきたんだ。事業で得た利益を社会貢献のために使って、地元のひとからも愛されていたヴォーリズは、ダジャレが大好きだったんだって。

近江八幡市にある「メンターム資料館」。

京都府

きょうとふ ｜ 近畿地方

京都
といえば

金閣寺

たてに長い形の京都府。よく「1000年の都」といわれるように、京都市は長いあいだ日本の首都だったんだ。碁盤の目のようなまちなみは、いまも観光地として大人気だよ。

京都府の基本情報

人口	約261万人
面積	約4612㎢
府の花	シダレザクラ
府の鳥	オオミズナギドリ
府の木	キタヤマスギ
府庁所在地	京都市
府章	❀

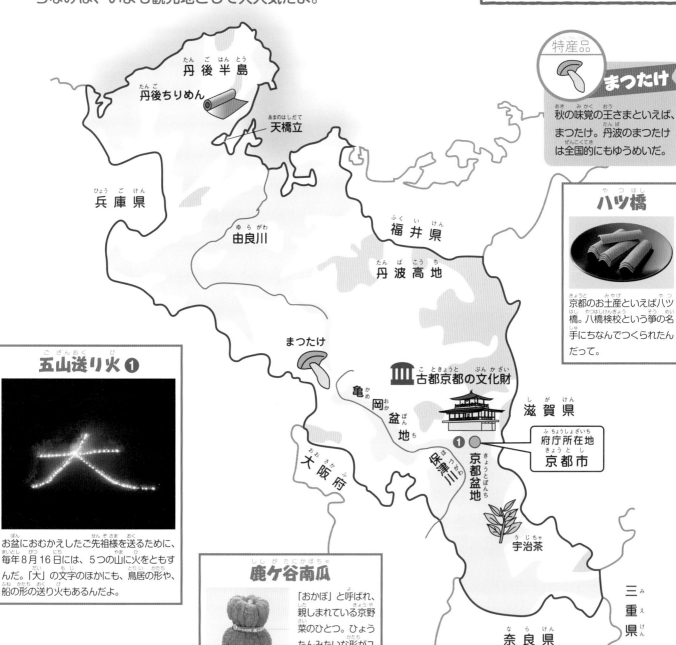

丹後半島

丹後ちりめん

天橋立

兵庫県

由良川

福井県

丹波高地

特産品 まつたけ

秋の味覚の王さまといえば、まつたけ。丹波のまつたけは全国的にもゆうめいだ。

ハツ橋

京都のお土産といえばハツ橋。八橋検校という箏の名手にちなんでつくられたんだって。

まつたけ

亀岡盆地

古都京都の文化財

滋賀県

保津川

府庁所在地
京都市

京都盆地

宇治茶

大阪府

五山送り火 ❶

お盆におむかえしたご先祖様を送るために、毎年8月16日には、5つの山に火をともすんだ。「大」の文字のほかにも、鳥居の形や、船の形の送り火もあるんだよ。

鹿ケ谷南瓜

「おかぼ」と呼ばれ、親しまれている京野菜のひとつ。ひょうたんみたいな形がユニークだね。

奈良県

三重県

2. 本書を購入された理由は何ですか？（複数回答可）
   a. お子さまが希望したから　b. テーマ（地理）に関心があったから
   c. 内容が良さそうだったから　d. ユーキャンの商品だから
   e. 学習の補足教材として購入した　f. その他（　　　　　　　　　　　）

3. 本書の内容について
   ①内容のわかりやすさ　（a. 良い　　　b. ふつう　　　　c. 悪い）
   ②内容の役立ち度　　　（a. 高い　　　b. ふつう　　　　c. 低い）
   ③誌面の見やすさ　　　（a. 良い　　　b. ふつう　　　　c. 悪い）
   ④サイズ　　　　　　　（a. 大きい　　b. ちょうど良い　c. 小さい）
   ⑤価格　　　　　　　　（a. 安い　　　b. ちょうど良い　c. 高い）
   ⑥装丁のデザイン　　　（a. 良い　　　b. ふつう　　　　c. 悪い）
   ⑦本書の内容で良かったこと、悪かったことをお書きください。

4. 今後、ユーキャンで出版してほしい、小学生向けの本のテーマを
   教えてください。

＊下記、ご記入をお願いします。

お子さまについて	性別	男　・　女	年齢	歳
保護者さまについて	性別	男　・　女	年齢	歳
お住まいの地域				都道 府県

ご協力ありがとうございました。

郵 便 は が き

169-8732

（受取人）
東京都新宿北郵便局
郵便私書箱第2005号
（東京都渋谷区代々木1−11−1）

U-CAN 学び出版部

愛読者係　行

料金受取人払郵便

新宿北局承認

1291

差出有効期間
2021年11月
30日まで

切手を貼らず
にこのままポ
ストへお入れ
ください。

|lıl·ıl·ıl||lıl||ılıl·ıl·ıl·ıl·ıl·ıl·ıl·ıl·ıl·ıl·ıl·ıl·ıl|

愛読者カード

よくわかる！　日本の都道府県 第2版

　ご購読ありがとうございます。読者の皆さまのご意見、ご要望等
を今後の企画・編集の参考にしたいと考えております。お手数です
が、下記の質問にお答えいただきますようお願いします。

1. 本書を何でお知りになりましたか？
   a. 書店で　b. インターネットで（サイト名：　　　　　　　）
   c. 知人・友人から
   d. その他（　　　　　　　　　　　　　　　　　　　　　）

うら面へ続きます

京都府のココがスゴイ！ ベスト3

1 1000年の歴史がみえるまち 古都京都

©京都市
メディア支援
センター

京都市には、歴史あるたてものがいっぱい。お寺や神社だけじゃなくて、碁盤の目のようにしかくくくぎられたまちなみにも、平安時代以来の歴史と文化がしみついているんだ。おちついた風情のあるまちなみをこわさないように、お店のかん板だってひと工夫。ほかの都道府県では鮮やかないろをしたファストフードやコンビニ、洋服屋さんのかん板も、京都市内では茶いろやくろになっているんだよ。

2 伝統工芸品の数 日本一

平安時代のおひめさまが着ていた衣装、なーんだ。正解は十二単。何枚もの着物を重ねて着るんだ。なんと、ぜんぶで10キロ以上あるものもあったんだって。京都には、平安時代以前からうけつがれてきた西陣織という織物がある。紫式部が着ていた十二単も、西陣織だったかもね。京都にはそれ以外にも、清水焼や京くみひも、京人形と、たくさんの伝統工芸品があって、伝統工芸品の数が日本一なんだ。職人さんもたくさんいるんだよ。

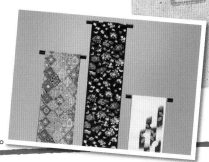

3 なす・かぶ・ねぎ… ひとあじちがう京野菜

京都は、面積の7割以上が山地で、あまり農業がさかんじゃないんだ。だけど、亀岡盆地などでは、聖護院かぶや賀茂なす、伏見とうがらしなどの「京の伝統野菜」が育てられている。明治時代以前から京都で育てられてきた野菜のことを「京の伝統野菜」っていうんだ。「なすの女王」といわれる賀茂なすなど、ふつうの野菜とはひとあじちがうんだって。京都の歴史と伝統がしみこんだ野菜、食べてみたいね。

おもしろ情報 龍にみえるってほんと？ 全長3.6キロの天橋立

むかし、神さまが天上と地上を行き来するためにはしごをかけた。そのはしごは地上にたおれてしまい、「天橋立」と呼ばれるようになったんだ。宮津市の「天橋立」の成り立ちには、こんな言い伝えがあるんだよ。海のまんなかにぽっかりうかぶ砂浜に、約8000本の松がしげるすがたは、龍にみえるともいわれている。みる場所によっては、空から降りてくる龍にみえたり、空に昇っている龍にみえたりするんだって！

大阪府

おおさかふ ┃ 近畿地方

大阪といえば

たこ焼き

日本で2ばんめにせまい面積に、日本で3ばんめに多い人口がひしめく大阪府。江戸時代には、全国各地からものがあつまる「天下の台所」として栄えたんだ。いまでも西日本の中心だよね。

大阪府の基本情報

人口	約883万人	
面積	約1905㎢	
府の花	ウメ・サクラソウ	
府の鳥	モズ	
府の木	イチョウ	
府庁所在地	大阪市	
府章		

特産品

塩こんぶ

江戸時代、北海道から運ばれた昆布を加工して、大阪の名物「塩こんぶ」ができたんだ。

たこ焼き

大阪といえば、こなもん料理ははずせない。代表選手はやっぱり、たこ焼き！

京都府

兵庫県

淀川

府庁所在地
大阪市

梅田スカイビル

東大阪

通天閣

奈良県

大阪平野

たこ

大和川

大阪湾

仁徳天皇陵古墳 🏛

ブドウ

金剛山地

和泉山脈

和歌山県

通天閣

なにわのシンボル、通天閣。夜には、つぎの日の天気をネオンのいろでおしらせするんだ。

だんじり祭❶

「だんじり」と呼ばれる山車がまちをかけめぐる！みどころは、全速力のまま角をまがる「やりまわし」。重さ約4トンのだんじりがごうかいな方向転換をすると、観客からは大かん声！

大阪府のココがスゴイ！ ベスト3

① ゆめはでっかく宇宙に行くで！ ものづくりのまち 東大阪

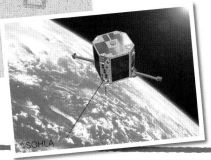
©SOHLA

2009年、東大阪の中小工場の職人さんが、おおきなゆめを実現させた。人工衛星「まいど1号」の打ち上げだ！ 大阪は、工業がさかん。従業員が1人以上299人以下の中小工場や製作所の数が多いのがとくちょうなんだ。なかでも東大阪は、歯ブラシから人工衛星まで、なんでもつくるものづくりのまち。職人さんたちのつぎのゆめは……。「月でロボットになんかさせたるねん！」え、本当？ 東大阪から目がはなせない！

② 「仁徳さん」 日本最大の 前方後円墳

大阪が世界にほこるものといえば？ なにわの心、通天閣や！ いやいや、ものづくりだってすごいねん。でも、「仁徳さん」もじまんやな。堺市で「仁徳さん」といったら、日本最大の前方後円墳、仁徳天皇陵古墳のこと。大仙陵古墳ともいうよ。なんと、全長が486メートルもあるんだ。エジプトのクフ王のピラミッド、中国の秦の始皇帝陵とならぶ、世界三大墳墓のひとつ。仁徳さんは、大阪が世界にほこる古代のロマンなんだ。

③ 世界初！ 連結超高層ビル 梅田スカイビル

大阪市にある梅田スカイビルは、世界初の連結超高層ビルだ。その高さはなんと、173メートル！ 2つならんだ40階だてのビルは、両方ともガラスばりで、とってもクール。外国人観光客からの人気も上々だ。屋上にある「空中庭園展望台」では、地上170メートルの風をうけながら、大阪のけしきをながめられる。まるで、大阪の空をおさんぽしているような気分になれるんだよ。

おもしろ情報 きみにもきっとある！ 大発明の才能 「魔法のラーメン」がうまれた大阪の小屋

1958年。池田市の小さな小屋で、世界初の即席めんが開発された。開発したのは、日清食品の創業者・安藤百福。さむい日に1杯のラーメンのために行列をつくる人たちをみてひらめいた彼は、ありふれた道具を使って、チキンラーメンを開発したんだ。お湯があればすぐに食べられて「魔法のラーメン」とまで呼ばれたチキンラーメンは、大発明に必要なのは、決して特別なものじゃないということを教えてくれるね。

池田市のインスタントラーメン発明記念館では、チキンラーメンが発明された小屋が復元されている。

読んで楽しむ

誌上社会科見学 大阪府編

商業と文化のまち
中之島かいわいと大阪城

見学がもっと楽しくなる！

社会科見学のしおり

●月×日　▲曜日

行き先

商業と文化のまち大阪

目的

都市の中心に川が流れる大阪は、水運に支えられて商業が発展した。豊かな経済力に支えられ、独特の文化が育まれてきたまち、大阪を自分の目でみてみよう。

商業と文化のまち・大阪情報

水辺に栄えたことがよくわかるまちなみ

川が都市の中心部を流れるまちなみは、世界でもとてもめずらしい。

社会科見学スタート！

日本銀行大阪支店

歴史ある商業のまちにたてられた日本最古の日銀支店

日本銀行は、日本政府のお金の管理などをする日本の中央銀行。大阪支店は、明治時代のはじめに東京都に本店ができてからわずか69日後につくられたよ。当時から、大阪が日本の経済にとって大事な場所であると認められていたんだね。

2 中之島の歴史あるたてもの

「天下の台所」の中心地・中之島で歴史あるたてものにふれる

中之島は、「天下の台所」大阪の中心地として栄えたところ。大正時代にたてられた大阪府立中之島図書館（左下の写真）など、レトロなたてものがならんでいるよ。大阪の経済力の高さがわかる、どっしりとしたたたずまい。

まんなかにみえるのが中之島。2つの川にはさまれているよ。

3 天神橋筋商店街

「ナニワの商人」にであう 南北2.6キロもある長〜い商店街

明治のはじめごろからお店ができはじめ、いまでは600軒ものお店がならんでいるよ。南北に2.6キロもある、直線距離が日本一長い商店街だ。

4 水上バス

水上バスに乗って水の都・大阪を川からながめよう

水の都・大阪を水上バスに乗ってまんきつ。川の上からながめれば、景色もちがってみえてくる。

5 大阪城

水の都・大阪とともに歩む大阪のシンボル

水の都・大阪を支えた川のなかには、大阪城がたてられたときに、大阪城を守るための「堀川」としてつくられたものも多い。水の都の歴史は、大阪城とともにあるんだね。

社会科見学のまとめ

水上バスに乗ってみると、大阪のまちには古いたてものだけでなく、新しいたてものもたくさんあった。大阪は、歴史ある商業のまちとして、いまも進化をつづけているんだと思いました。

兵庫県

ひょうごけん | 近畿地方

兵庫 といえば

姫路城

近畿地方でいちばん面積がおおきい兵庫県。北部は日本海に面していて、冬には大雪がふることもあるよ。瀬戸内海に面した南部は、1年中あたたかい気候だよ。

兵庫県の基本情報

人口	約553万人
面積	約8401 km²
県の花	ノジギク
県の鳥	コウノトリ
県の木	クスノキ
県庁所在地	神戸市

県章	〜〜〜

兵庫県は県の旗のマークを、県を象徴するマークとして使っているよ。

特産品

タマネギ

「淡路島たまねぎ」は、淡路島のじまん。「淡路玉葱ラーメン」も大人気なんだよ！

松葉ガニ

但馬牛

豊岡盆地

京都府

鳥取県

まつたけ

篠山盆地

岡山県

なゆた

揖保川

姫路城

播磨平野

加古川

六甲山

大阪府

明石市立天文科学館

❷

❶

県庁所在地
神戸市

家島諸島

たこ

播磨灘

明石海峡大橋

大阪湾

淡路島

タマネギ

神戸港 ❶

日本でも指折りの国際貿易港、神戸港。世界中の客船が入港する港でもあって、イギリスのごうか客船「クイーン・エリザベス」が入港したときには、約4000人の見物客でにぎわったよ。

姫路城

しろい漆喰ぬりのかべがチャームポイントの姫路城。白鷺城とも呼ばれているんだよ。

春節祭 ❷

中国の一大イベント、春節。南京町の中華街でも、春節祭では獅子舞や龍舞でおおにぎわい。

兵庫県のココがスゴイ！ ベスト3

1 世界最長3911メートルのつり橋 明石海峡大橋

　もしも、海の上を歩けたら！　しょっぱい風を受けながら海をわたるのは、どんな気分だろうね。兵庫県にある明石海峡大橋は、瀬戸内海にかかるつり橋。明石市と淡路島をつないでいるんだよ。長さは3911メートルで、世界最長だ。明石海峡大橋は高速道路だから歩いてわたることはできないけれど、ツアーに参加すれば海面から300メートルの高さにある主塔の最上階までのぼって、海の上の景色を満喫できるんだよ。

2 日本の時間を決める ときのまち 明石

　世界中の国や地域には、それぞれ「標準子午線」という線が通っていて、それを基準に時間が決められているんだよ。明石市は、日本の時間を決める標準子午線が通っているまち。まちのシンボル、明石市立天文科学館の塔時計（右の写真）の下には、Ｊ．Ｓ．Ｔ．Ｍの文字。Ｊａｐａｎ Ｓｔａｎｄａｒｄ Ｔｉｍｅ Ｍｅｒｉｄｉａｎの略で、「日本標準子午線」という意味なんだよ。

3 世界最大 光学望遠鏡 なゆた

兵庫県立大学西はりま天文台

　世のなかには、目にみえないものがたくさんある。空には、きみの目にうつる以上にたくさんの星があるんだよ。みえないほど遠くの星をみるのに役立つのが望遠鏡。佐用町にある「なゆた」は、公開されているものとしては世界でいちばんおおきい望遠鏡なんだ。なんと、100億光年先の星をみることもできるんだって。光が1年に進む距離が1光年。100億光年先の星は、100億年の宇宙の旅を経て、ようやくきみの目にうつるんだよ。

おもしろ情報 まるで空に浮かんでいるみたい！みてみたい 天空の城 竹田城

　天空の城ときいて、きみは何を思い浮かべる？　竹田城跡は「天空の城」と呼ばれているんだ。残念ながらお城はのこっていなくて、跡しかみられないんだけど、幻想的なすがたは右の写真のとおり。まるで、雲の上に浮かんでいるみたい！　この景色は、いつでもみられるわけじゃないんだ。雲海が出るかどうかは、その日の天候しだい。「天空の城」をみられる確率が高いのは秋の終わりごろ、ぐっと冷えこむ日の早朝なんだって。

写真提供：吉田利栄

95

奈良県

奈良といえば
大仏

ならけん | 近畿地方

奈良県の基本情報

人口	約 136 万人
面積	約 3690 ㎢
県の花	ナラヤエザクラ
県の鳥	コマドリ
県の木	スギ
県庁所在地	奈良市
県章	

県の面積の半分以上を山地がしめる奈良県は、ゆうめいな木材の産地。奈良時代まで都がおかれていたから、「日本のふるさと」とも呼ばれているよ。法隆寺など、文化遺産もとっても多い。

東大寺の修二会 ❷

3月1日からの2週間、東大寺の二月堂では修二会がおこなわれる。毎夜、松明を持ったお坊さんが舞台の上を駆けめぐる「お松明」を一目みようと、たくさんのひとが集まるんだよ。

県庁所在地
奈良市 京都府

🏛 古都奈良の文化財

🏛 法隆寺地域の仏教建造物

グローブ

大阪府

奈良公園の鹿 ❶

奈良の顔といえば、鹿。奈良公園には、約1200頭もの鹿がいるんだよ。

三重県

よしのすぎ
吉野杉

特産品

かき

奈良県は、かきの生産がさかん。かきの葉寿司も、かきの生産地ならではの郷土料理。

かき

吉野山

八剣山

紀伊山地

吉野の桜

吉野山といったら、ゆうめいな桜の名所。平安貴族も、吉野の桜が大好きだったんだ。

和歌山県

奈良県のココがスゴイ! ベスト3

1 歴史ロマンあふれる1000年前のタイムカプセル

奈良県には、世界遺産がたくさんある。法隆寺は、1300年以上も前にたてられた世界最古の木造建築。法隆寺のほかにも、薬師寺や唐招提寺などには奈良時代のたてものがのこっているところもあるんだ。さらに、1100年以上も前から狩りやばっさいが禁止され、守られてきた春日山原始林も、古都の空気がしみこんだ神聖な場所。奈良県にある世界遺産は、まるで1000年以上も前から用意されたタイムカプセルみたいだね。

2 世界一 高さ約15メートルの奈良の大仏

東大寺の大仏は、世界最大の金銅仏だ。「奈良の大仏さん」と呼ばれて親しまれている巨大な大仏の本当のなまえ、知ってる? 盧遮那大仏っていうんだよ。知っていたら、ちょっぴりじまんできるね。座高が14メートル98センチもある大仏さまは、大仏殿というたてもののなかにどーんと座っているんだ。その大仏殿だってすっごくおおきい! 高さが約48メートルもある、世界最大級の木造建造物なんだよ。

写真：矢野律彦

3 墨の生産量日本一

提供：株式会社古梅園

書道は、得意? 墨と筆で文字を書くと、背すじが伸びるような気がするね。奈良県は、書道用の墨の生産量日本一! そのシェアは、全国の90パーセント以上。中国から「墨」が伝えられてから、1000年以上たったいまでも、職人さんが丹精込めてつくっているんだよ。左の写真は、伝統的な墨づくりの行程のひとつで、油を入れた土器に火をともしているところ。土器のふたについた煤が、墨の原料になるんだよ。

おもしろ情報 やるシカない! 鹿せんべい飛ばしで記録に挑戦

奈良公園には、約1200頭もの鹿がいるんだよ。ひと懐っこい鹿たちが、鹿せんべいをおねだりする姿はとってもかわいい。奈良公園のなかにある若草山では、「鹿せんべい飛ばし大会」だって大人気! ふだんは、鹿せんべいを投げるのはマナー違反だけど、この大会のときはとくべつ。鹿せんべいをエイッと投げて、どこまで遠くに飛ばせるかを競う、とっても楽しい大会なんだ。きみも記録に挑戦するシカない!?

鹿せんべい飛ばし大会のようす。鹿たちが、せんべいが投げられるのを待っているよ。

和歌山県

わかやまけん ｜ 近畿地方

和歌山といえば

熊野本宮

あたたかい気候をいかして、くだものなどの栽培がさかんな和歌山県。とくに、うめやみかんの産地としてゆうめいだ。森林が多いから、「紀（木）の国」と呼ばれているよ。

和歌山県の基本情報

人口	約96万人
面積	約4724㎢
県の花	ウメ
県の鳥	メジロ
県の木	ウバメガシ
県庁所在地	和歌山市
県章	♀

県庁所在地 和歌山市

大阪府

紀ノ川

和泉山脈

かき

高野山

はも

蚊取り線香

有田川

紀伊山地

紀州備長炭

奈良県

熊野川

新宮市飛地

北山村

三重県

熊野本宮大社

紀伊山地の霊場と参詣道

熊野速玉大社

熊野那智大社

紀伊大島

潮岬

紀州備長炭

県の木、ウバメガシを炭焼き職人がじっくり焼き上げてつくる紀州備長炭は、うめとならぶ和歌山県のじまんの一品。焼き鳥やさんや焼肉やさんなどで使われているよ。

飛地

廃藩置県がおこなわれたときに、ふるくから交流のさかんだった地域が和歌山県になったから、地元のひとの意思で和歌山県の飛地になったんだって。とくに北山村は全国で唯一、村がまるごとひとつ飛地になっているよ。

勝浦のマグロ ❶

勝浦は、日本有数のマグロの水揚げ基地。漁港には、イキのいいマグロがずらり！

くじら ❷

日本の捕鯨発祥の地・太地町。「くじらの博物館」などで捕鯨の歴史を知ることができるよ。

特産品 うめ

生産量だけじゃなく、品質だって日本一。和歌山うまれの南高うめは、日本中で大人気だよ。

98

和歌山県のココがスゴイ！ベスト3

1 お祈りの道 熊野古道

提供：
熊野本宮
観光協会

熊野本宮、熊野速玉大社、熊野那智大社という、熊野にある3つの神社にお参りすることを、熊野もうでというよ。かつて「蟻の熊野もうで」ともいわれるほど、たくさんのひとがお参りに来ていたんだ。熊野もうでをするには、紀伊山地の険しい山道を越えなければならない。「熊野古道」は、いまもむかしもたくさんのひとが熊野もうでをめざして進む祈りの道なんだよ。

2 日本一！ うめぇ〜 うめは和歌山うまれ

和歌山県は、うめの生産量日本一。なかでも、「うめの町」としてゆうめいなのが、うめの最高級ブランド「南高うめ」のふるさと、みなべ町。6月は、うめの収穫でおお忙しだ。夏になれば、まちのあちこちでうめの天日干しがおこなわれて、まち中が甘酸っぱい香りにつつまれるんだって。和歌山県うまれのうめ干しは、紀州の夏の太陽がくれたごちそうなんだね。

3 ぐ〜るぐる 世紀のアイデア 渦巻き型蚊取り線香

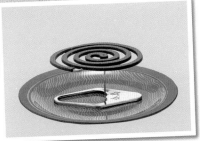

KINCHO 大日本除虫菊株式会社

ぐるぐる渦巻き型の蚊取り線香は、有田市が発祥なんだ。発売当初、棒状だった蚊取り線香は、40分間しか使えなかった。長時間使えるように線香を長くすると、おおきくなりすぎて不便。「じゃあ、渦巻き状にしてみよう！」。そのアイデアが、おお当たり。コンパクトなサイズなのに、7時間も使える渦巻き型蚊取り線香は、たちまち大ヒット。有田市はいまでも、日本有数の蚊取り線香の生産地なんだよ。

おもしろ情報 乗客をたくさん招くニャー わがはいは猫駅長である！

和歌山電鐵貴志川線の貴志駅の駅長さんが大人気！ その駅長さんこそが、ふわふわの毛並みが愛らしいニタマ。正式な肩書は、「マネージャー駅長」というんだって。たま駅長のあとを継いで、乗客のみなさんのお見送りをしたり、写真さつえいに応じたりと、一生けん命、駅長のお仕事をしているよ。最近では、後輩の「よんたま」が伊太祈曽駅長兼貴志駅駅長代行に就任。猫駅長同士力を合わせて、もっと乗客を招くニャン！

これが 日本の農業だ

地域によって気候がおおきくちがう日本。農業も、それぞれの地域の気候に合わせておこなわれているよ。毎日の食卓を支えてくれている日本の農業について知ろう。

コメづくり

しろいごはんは、毎日の元気の源だね。
日本の主食・コメづくりについて知ろう。

どうしてコメは日本の主食なの?

キーワードは
気候、あじ、
保存性

コメが日本の主食である理由は、おもに3つ。1つめは気候だ。日本は雨が多くて、夏の昼と夜の気温差がおおきいから、コメづくりに適している。2つめは、あじ。コメのあじは、日本人の好みにぴったりなんだ。さらに、主食は毎日食べるものだから、保存できることも大事。乾燥させれば、長期間の保存ができるコメは、主食に適しているんだ。3つめの理由は、保存性が高いことだよ。

コメは3拍子そろっている

● 日本の気候に適している

● 日本人のあじの好みに合う

● 長期間保存ができる

みてみよう コメづくりがさかんな都道府県

日本全国でおこなわれているコメづくり。収穫量が多いのはすずしいところに多いね。

収穫量60万トン以上
収穫量40万トン以上
収穫量20万トン以上

都道府県別コメの収穫量

順位	都道府県	収穫量（トン）
1	新潟県	64万6100
2	北海道	58万8100
3	秋田県	52万6800
4	山形県	40万4400
5	宮城県	37万6900

出典：農林水産省　令和元年産作物統計（普通作物・飼料作物・工芸農作物）

品種もいろいろ　日本のコメ

コメにはたくさんの品種がある。ゆうめいなのは「コシヒカリ」だね。「ひとめぼれ」は、おもに東北地方で生産されている。西日本で生産がさかんなのは「ヒノヒカリ」。そのほか、北海道うまれの「きらら397」、熊本県うまれの「森のくまさん」など、それぞれの地域の気候に合わせ、育てやすいように開発された品種がたくさんあるんだよ。

代表的な品種

コシヒカリ
ひとめぼれ
ヒノヒカリ
など

コメづくり以外の農業

日本では、コメづくり以外にも、野菜づくりやくだものづくり、畜産など、たくさんの農業がおこなわれているよ。どこでどんな作物が生産されているか、地図でみてみよう。

各地で生産されているおもな農産物

りんごの産地の共通点って？

りんごが育ちやすいのは、気温が低い地域。右の地図をみてみると、確かに東北地方にりんごの生産がさかんな都道府県が多いことがわかるね。それぞれの地域では、気候に応じた農業かおこなわれているんだよ。りんごのほか、みかんの生産がさかんな都道府県の共通点はどんなことかな？考えてみよう。

北海道
青森県 りんご
乳牛
じゃがいも
山形県 サクランボ
長野県 りんご・レタス
鳥取県 なし
りんご 岩手県
モモ 福島県
イチゴ 栃木県
なし 茨城県
なし 千葉県
キャベツ 群馬県
福岡県 イチゴ
佐賀県 みかん
長崎県 みかん
熊本県 スイカ
宮崎県 肉牛
鹿児島県 肉牛・サツマイモ
愛媛県 みかん
茶・みかん 静岡県
ブドウ・モモ 山梨県
和歌山県 みかん
パイナップル
沖縄県

もっと知りたい 日本の農業

イチゴの品種って、どうやってつくるの？

あまずっぱいイチゴ、とってもおいしいよね。イチゴの品種、いくついえるかな？　ゆうめいなのは、栃木県の「とちおとめ」や、福岡県の「あまおう」など。イチゴは、新しい品種の開発もとってもさかんで、最近ではなんと、白いイチゴもあるんだよ。どんなあ

写真提供：栃木県農業試験場いちご研究所

じだろう。たべてみたいね。イチゴの新品種開発は、とってもたいへんなんだ。ちがう種類のイチゴを組み合わせて大切に育て、実がなったら、あじや形を確かめる。そして、「これだ！」というものがみつかったら、農家のひとにも苗をわけて、みんなでたくさん育てるんだって。栃木生まれのブランドイチゴ「スカイベリー」も、10万株以上ものイチゴを育てて、やっとみつけた1本の苗から、さいばいがスタートしたんだ。「日本一のイチゴをつくる！」という思いで、たくさんのひとがイチゴの品種開発やさいばいにかかわっているんだね。

攻略！地図記号

地図をみるのにかかせないのが、地図記号。地図記号は、「学校」や「田んぼ」など、地図によく出てくるたてものなどを表す記号。地図記号が分かるようになれば、地図を読むのがもっと楽しくなるよ。

地図記号って、こんなに便利！

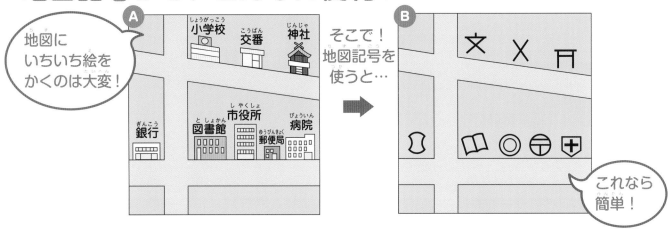

地図にいちいち絵をかくのは大変！

そこで！地図記号を使うと…

これなら簡単！

地図は記号で書かれている

Ⓐ とⒷ は、同じ場所の地図。Ⓐ はたてものを絵と文字でかいているけれど、Ⓑ では地図記号を使っている。ふつう、地図はちいさく縮小して書かれるけど、地名や山、たてものなど、地図にのせなきゃいけない情報はたくさんある。ちいさい地図でも、記号があると読みやすくてわかりやすいよね。だから、地図は記号で書かれているんだ。地図記号を覚えて地図をみると、まるで暗号を解読しているみたいでとっても楽しいんだよ。

上の地図にのっている地図記号

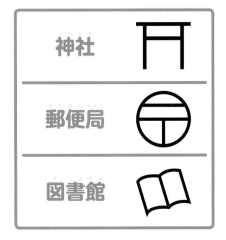

神社	⛩
郵便局	〒
図書館	📖

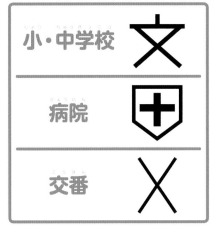

小・中学校	文
病院	✛
交番	X

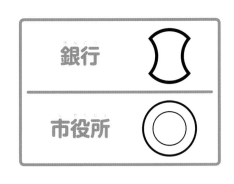

| 銀行 | |
| 市役所 | ◎ |

地図記号はまだまだたくさん！
右ページのクイズにも
ちょうせんしてみてね

ちょうせん！ 地図記号クイズ

この地図記号、なにを表しているのかな？

ア 　　イ 　　ウ 　　エ

こたえ ア ‥‥‥‥‥　イ ‥‥‥‥‥　ウ ‥‥‥‥‥　エ ‥‥‥‥‥

2つの地図記号のなかから、こたえを選ぼう。

ア 果樹園はどっちかな？　[あ ◯　い ◯]　こたえ ‥‥‥‥‥

イ 裁判所はどっちかな？　[あ △　い ◇]　こたえ ‥‥‥‥‥

ウ 煙突はどっちかな？　[あ ◻　い ◻]　こたえ ‥‥‥‥‥

エ 灯台はどっちかな？　[あ ☀　い ☀]　こたえ ‥‥‥‥‥

つぎの地図記号と、それが表しているものを線でつなごう。

| ヒント1 | 発電所の記号は、歯車と電気回路を表しているんだよ。 |

| ヒント2 | 保健所の記号は、病院の記号を参考にしてつくられたよ。 |

風車　　発電所　　老人ホーム　　保健所

クイズのこたえは、168ページにあるよ。

103

中国・四国地方

こんな地方だよ

(一社) 愛媛県観光物産協会

おだやかな気候をいかして、漁業や
かんきつ類のさいばいがさかんだよ。

瀬戸内海をはさんで向き合っている中国・四
国地方。中国・四国地方の人口には、ある共
通点があるよ。それはどんなことだろう。

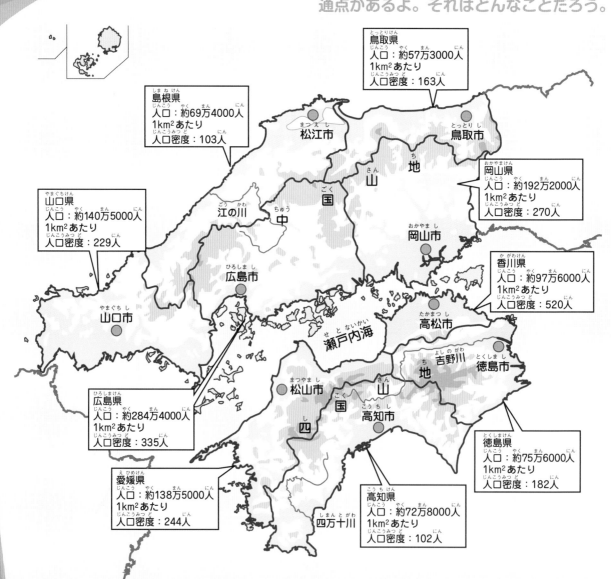

鳥取県
人口：約57万3000人
1km²あたり
人口密度：163人

島根県
人口：約69万4000人
1km²あたり
人口密度：103人

岡山県
人口：約192万2000人
1km²あたり
人口密度：270人

山口県
人口：約140万5000人
1km²あたり
人口密度：229人

香川県
人口：約97万6000人
1km²あたり
人口密度：520人

広島県
人口：約284万4000人
1km²あたり
人口密度：335人

徳島県
人口：約75万6000人
1km²あたり
人口密度：182人

愛媛県
人口：約138万5000人
1km²あたり
人口密度：244人

高知県
人口：約72万8000人
1km²あたり
人口密度：102人

松江市　鳥取市　中国山地　岡山市　広島市　山口市　高松市　瀬戸内海　徳島市　松山市　高知市
江の川　吉野川　四国山地　四万十川

中国・四国地方の人口のとくちょう

左ページの地図とくらべてみよう
人口が多くて、人口密度が高いのは
瀬戸内海沿岸だということがわかるね。

人口密度

ある一定の面積（1km²のことが多いよ）のなかに、何人のひとがすんでいるかを表す数字。ちなみに東京都の人口密度は、1km²あたり6000人以上。

瀬戸内工業地域

岡山県の倉敷市や、山口県の周南市、愛媛県の今治市など、瀬戸内海沿岸地域にひろがる工業地域。海に面していて、船での物資のやりとりが便利なことや、工場をたてるのに適した埋め立て地があることなどから、戦後急速に工場が増え、発達したんだ。

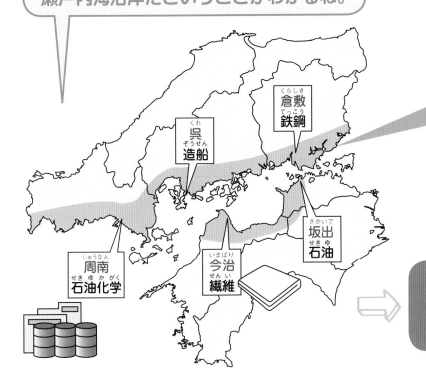

> 中国・四国地方では、瀬戸内工業地域のまわりに人口が集中しているね。

過疎とたたかう山間部

高齢化 → 農業の衰退 → まちの活気がなくなる → 若者が都市部へ出ていく → 高齢化

過疎が深刻化する

病院や学校など、地域に必要なしせつの維持が難しくなるほど人口が少ない地域を「過疎地域」と呼ぶよ。中国・四国地方の山間部には、過疎地域が多い。過疎地域のほとんどは高齢化にも悩んでいるんだ。高齢化は、農業などの後継者不足、さらには地域の活気がなくなることにもつながる。すると若いひとが都市などへ出ていき、過疎と高齢化がさらに深刻化してしまう。この状況をなんとかしようと、それぞれの地域がいろんなアイデアを出して、過疎の問題に取り組んでいる。徳島県の「おもしろ情報」では、その具体例の1つとして上勝町の葉っぱビジネスを紹介しているよ。

鳥取県

とっとりけん | 中国地方

鳥取砂丘

東西に細長い形をした鳥取県。じまんはなんといっても、日本最大級の砂丘、鳥取砂丘だ。ほかにも、二十世紀なしの収穫量だって日本一だ。

鳥取県の基本情報

人口	約 57 万人
面積	約 3507 ㎢
県の花	二十世紀なしの花
県の鳥	オシドリ
県の木	ダイセンキャラボク
県庁所在地	鳥取市
県章	

特産品
二十世紀なし

鳥取平野を中心に生産がさかんな二十世紀なし。生産量は全国ナンバーワンだよ。

大山

中国地方でいちばん高い山、大山。大山町からみえる荒々しい姿は「北壁」と呼ばれているんだ。

県庁所在地
鳥取市

らっきょう

日本海

境漁港

松葉ガニ

美保湾

東郷池

鳥取平野

鳥取砂丘

大山

二十世紀なし

島根県

米子平野

中国山地

千代川

兵庫県

岡山県

日野川

広島県

流しびな ❶

旧暦の3月3日に、女の子たちが夫婦びなにおかしなどを添えて川に流す民俗行事。1年間の無病息災を祈っておこなわれるよ。鳥取市の用瀬町でおこなわれているんだ。

因幡の傘踊り

100 個の鈴をつけた傘を回しながらおどる伝統芸能。雨乞いのためにおこなわれたのがはじまりなんだって。海外公演をするほど大人気！

鳥取県のココがスゴイ！ ベスト3

1 日本最大級 鳥取砂丘

鳥取県といえば、忘れちゃいけないのが鳥取砂丘。南北約2キロ、東西約16キロもある日本最大級の砂丘だ。風がふくたびに変わる砂のもよう「風もん」は風の足あとをみているようで、とってもふしぎ。高さ40メートル以上もある「馬の背」は、砂でできた山のよう。頂上からは、日本海の雄大な景色をながめることができるよ。砂丘では、らくだにのることもできるんだよ。

2 日本海の海の幸をいただきます！境漁港

夏はマグロ、冬はカニ！　境漁港は、1年中日本海の海の幸を水揚げしているんだ。なかでも、ベニズワイガニの水揚げ量は日本トップクラス。毎年1月には、豊漁をいわって「カニ感謝祭」がひらかれるんだよ。漁港の関係者たちが、「ゲゲゲの鬼太郎」に登場する妖怪のブロンズ像がならぶ水木しげるロードをパレードしたあと、妖怪神社にカニを奉納するんだって。鬼太郎たちが運んだカニのお味やいカニ!?

3 おいしさまちがいなし！鳥取の二十世紀なし

鳥取県は、なしのさいばいがさかん。なかでも二十世紀なしの生産量は日本一。二十世紀なしは19世紀のおわりにうまれた品種。なまえには、「新世紀の王者になるように」という願いがこめられているんだ。100年以上にわたる二十世紀なしさいばいの歴史がある鳥取県。いまでは、二十世紀なしの遺伝子をうけつぐ新しい品種もさいばいされているんだ。注目は、あまさと果汁がとくちょうの「新甘泉」！

おもしろ情報　日本海に向かってジャンプ 爽快！ 鳥取砂丘のサンドボード

鳥取砂丘では、サンドボードが大人気！サンドは、英語で砂っていう意味だよ。サンドボードは、ボードに乗って砂の上をすべりおりるオーストラリアうまれのスポーツ。右の写真のように、スノーボードみたいにジャンプしたり、すべりおりる速さを競ったりするんだよ。スノーボードならぬ、砂ーボードだね。日本海に面した鳥取砂丘の斜面は、傾斜約30度の急こう配。一気にすべりおりれば気分は爽快！

島根県

しまねけん ｜ 中国地方

島根といえば

出雲大社

島根県の基本情報

人口	約 69 万人
面積	約 6707 km²
県の花	ボタン
県の鳥	ハクチョウ
県の木	クロマツ
県庁所在地	松江市
県章	

中国地方の日本海側にある島根県。県の東部は、むかしは出雲の国と呼ばれていて、たくさんの伝説や神話がのこっている。出雲大社は、縁結びの神社としてゆうめいだよ。

竹島

隠岐諸島

①

松江城

宍道湖

出雲大社

県庁所在地
松江市

② しじみ

中海

ヤスキハガネ

出雲平野

③

しまね和牛

石見銀山遺跡とその文化的景観

三瓶山

仁摩サンドミュージアム

そろばん

鳥取県

広島県

江の川

山地

中国

石見空港

高津川

山口県

八百杉 ❶

隠岐島の玉若酢命神社にある、島根県最大の木。樹齢は、推定千数百年。まわりが静かなときには、根元に閉じこめられている大蛇のいびきがきこえるっていう言い伝えがあるんだ。

佐陀神能 ❷

歴史が長く、「神在の社」とも呼ばれる佐太神社で、年に一度、神座のござをかえる御座替祭のときにひろうされる。

特産品

しじみ

ヤマトシジミの漁獲量は日本トップクラス。「宍道湖シジミ」はゆうめいなブランドだよ。

どじょうすくい ❸

あら、えっさっさー♪安来節にあわせてひょうきんにおどる「どじょうすくい」は全国的に大人気。

島根県のココがスゴイ！ ベスト3

1 日本中の神さまが集まる 出雲大社

旧暦の10月になると、日本中の神さまが「縁結びの神さま」と呼ばれる大国主大神が祀られている出雲大社に集まるんだ。だから、ほかの地域では神無月と呼ばれる10月は、出雲だけは神在月。神さまたちは、ひとの"ご縁"についての会議をするんだって。ご縁のかたちはさまざま。きみと、きみのまわりにいる大事なひとたちとをつなぐみえないご縁も、神さまたちが結んでくれているのかもね。

2 世界最大！ 一年計砂時計

時間の量や重さを、目でみて確かめてみたくない？　ふだん、目にみえないものをみるのはとってもわくわくするよね。太田市の仁摩サンドミュージアムにある「砂暦」は、全長5.2メートル、直径1メートルもある、世界最大の砂時計。1トンの砂を、1秒間に0.032グラムずつ1年かけて落とすんだよ。1年間という時間の重さが1トンだと聞いて、きみは重たいと思う？　それとも軽いと思う？

3 うけつがれるたたら製鉄の技術 ハガネのまち安来

左の写真は、たたら製鉄のようす。出雲地方ではむかしから、日本の伝統的な製鉄法であるたたら製鉄がさかんだったんだ。たたら製鉄によってつくられる玉鋼は、日本刀の材料になるんだよ。「ハガネのまち」と呼ばれる安来市には、たたら製鉄の技術をうけついだ製鉄工場があって、品質のたかい「ヤスキハガネ」をつくっているんだ。なんと、ロケットの部品にも使われているんだって！

おもしろ情報

「ねずみ男岩」に「ぬりかべ岩」!? 奇岩妖怪大戦争だ

隠岐の国賀海岸には、めずらしい形の岩がいっぱい。ひとつひとつの岩には、「鬼ヶ島」や「帽子岩」など、とっても興味をそそるなまえがついているんだ。最近発見された岩のなまえはなんと、「ねずみ男岩」に「ぬりかべ岩」。右の写真がそう。よ〜くみてみると、ほら、右側に「ゲゲゲの鬼太郎」に出てくるねずみ男が、左側にぬりかべがみえてくる！国賀海岸には、まだまだ妖怪みたいな岩があるかもね。きみも探してみる？

岡山県

モモ

おかやまけん ｜ 中国地方

岡山といえば！

しかくい形がとくちょうの岡山県は、降水量1ミリ未満の日数がとっても多い「晴れの国」。鉄道や高速道路が発達していて、近畿から九州までをつなぐ西日本の交通の中心でもあるよ。

岡山県の基本情報

人口	約192万人
面積	約7114㎢
県の花	モモの花
県の鳥	キジ
県の木	アカマツ
県庁所在地	岡山市
県章	

ばら寿司

エビにアナゴ、シイタケににんじん…。たくさんの具材を楽しめる、岡山ならではのごちそう。

特産品

モモ

岡山の夏にかかせないのが、モモ。なかでも、岡山県じまんの品種は「清水白桃」。

倉敷美観地区 ❷

江戸時代からのこる白壁の土蔵や、明治時代にたてられた洋館などがのこる地域。レトロなまちなみには「ひやさい」と呼ばれる細い路地が多くて、探検心がうずうずしちゃう!?

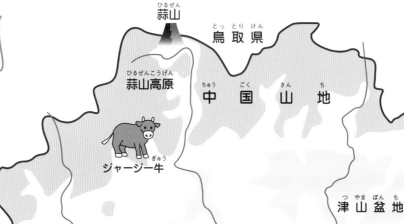

蒜山

鳥取県

蒜山高原

中国山地

ジャージー牛

津山盆地

広島県

旭川

高梁川

吉備高原

吉井川

兵庫県

マスカット

モモ

石油化学コンビナート

岡山平野 ❶

かき

学生服

県庁所在地 岡山市

児島半島

瀬戸大橋

後楽園 ❶

江戸時代初期につくられた日本庭園。お正月には、園内にタンチョウヅルが放されるんだよ。

岡山県のココがスゴイ！ ベスト3

1 岡山の「モモの女王」と「くだものの女王」

いろがまっしろで、あまくてジューシー。岡山県が生産量日本一をほこるモモ、「清水白桃」は「モモの女王」。白桃の生産がさかんな岡山県のなかでも、ひときわ人気の高い品種だよ。岡山県は、ブドウやマスカットの生産もさかん。「マスカット・オブ・アレキサンドリア」は、岡山県が生産量日本一をほこるマスカット。エジプトのアレキサンドリア港から世界に輸出されたことがなまえの由来なんだって。

2 「学生服の生産量日本一」倉敷

岡山県は、学生服の生産量日本一。なかでも生産量が多いのが、繊維のまちとして栄えてきた倉敷市・児島。むかしの学生服の展示をみたり、学生服を試着したりすることもできる「児島学生服資料館」（右の写真）では、学生服を試着したおとなのひとたちがおおよろこび!? 学生服を着ると、身も心も学生気分にもどっちゃうのかもね。おすすめのおみやげは、「青春！ 第二ボタン飴（初恋の味）」だって。

3 全長9.4キロ！ 四国と中国をつなぐ瀬戸大橋

左の写真で、海の上にどーんとかかっているのが、瀬戸大橋。その長さは、約9.4キロだ。瀬戸大橋は、岡山県の早島町から、香川県の坂出市までをつなぐ瀬戸中央自動車道のなかの、海をわたる橋の部分。じつはこの瀬戸大橋、電車も通っているんだよ。橋が2階だてになっていて、上は道路、下は線路になっているんだ。海の上を走る電車、乗ってみたいね！

おもしろ情報 「ちょっど"ママ"を貸してくれない」!? 岡山のおいしいお魚 その名もママカリ

岡山県の郷土料理、ばら寿司にかかせない具材といったら、ママカリの酢漬け。岡山では、「サッパ」という魚のことを「ママカリ」っていうよ。由来は、"ママ"を借りにいくほどおいしいから、だって。"ママ"って…、お母さん？ じゃなくって、ご飯のこと。「ママカリ」って、ご飯を借りにいくほどおいしいっていう意味なんだよ。家中のご飯を食べつくしちゃうほどおいしいなんて、一度食べてみたいね！

広島県

広島といえば
厳島神社

ひろしまけん ｜ 中国地方

瀬戸内工業地域の中心、広島県。呉の造船など、重工業がさかんだよ。因島など、瀬戸内海に浮かぶ島では、あたたかい気候をいかしてレモンなどのかんきつ類のさいばいがさかん。

広島県の基本情報

人口	約284万人
面積	約8479㎢
県の花	モミジ
県の鳥	アビ
県の木	モミジ
県庁所在地	広島市
県章	

壬生の花田植

その年の豊作を願って、おそろいの着物を着た女性たちが、にぎやかなおはやしにあわせて歌いながら田植えをするんだよ。おめかしした牛たちも登場する、華やかな民俗行事。

宮島細工①

宮島のおみやげとしてゆうめいな杓文字や宮島彫りなど、さまざまな種類がある伝統工芸品。

島根県
鳥取県

中国山地

三次盆地

吉備高原

江の川

壬生の花田植

県庁所在地
広島市

🏛 原爆ドーム

山口県

石油化学
コンビナート

🏛 厳島神社

広島平野

やすり

路面電車

①
厳島

江田島

岡山県

因島
レモン

芸予諸島

瀬戸内海

特産品

かき

寒くなるほどおいしくなるかきは、広島の冬の味覚。広島は、養殖かきの生産量日本一なんだよ。

かき

お好み焼き

広島に来たら、お好み焼きははずせない！材料を混ぜずに、重ねて焼くのが広島風。

広島県のココがスゴイ！ ベスト3

1 平和への願いがこめられている 原爆ドーム

1945年8月6日、広島に原子爆弾が投下された。まちは一瞬にして焼け野原になり、ヨーロッパ風のうつくしいたてものだった「広島県産業奨励館」は、一瞬にしてその姿をかえてしまった。広島のひとたちはそのたてものを「原爆ドーム」と呼び、つらいきおくを思いださせるものであっても、原子爆弾の悲さんさを伝えるために保存していくと決めた。「原爆ドーム」には、平和への願いがこめられているんだね。

2 仁方のやすりでみがく！ 世界のものづくり

「やすりのまち」といわれる呉市仁方は、やすりの生産量日本一！ やすりは、ものをけずって、形を整える道具だよ。金属をけずるやすりや、木をけずるやすりなど、ものづくりには、いろんなやすりが必要なんだよ。仁方のやすりは、日本国内だけでなく、クラシックギターづくりの本場、スペインのギター職人も愛用しているんだって。仁方のやすりは、世界のものづくりにやくだっているんだね。

3 動く交通博物館だ！ 広島の路面電車

きみはどんな乗りものがすき？ 広島に行ったら、路面電車にぜひ乗ってみて。広島市を走る路面電車は、車両の数も、1年間の乗客の数も日本一！ 車両の種類もいろいろあって、神戸や京都、大阪などで廃線で使われなくなった車両が、いまでも走っているんだよ。なかには、ドイツからやってきた車両も。つくられた年代もさまざまだから、広島の路面電車は「動く交通博物館」と呼ばれているんだよ。

おもしろ情報

かわいいんだもん♪ ハートの形のレモンだもん

広島県は、レモンの生産がとってもさかん。なかでも、瀬戸田町のレモンの生産量は日本一だ。最近ではなんと、ハート型のレモンが大人気！ レモンの実がちいさいうちから、ハートの型にはめて育てているんだって。ハート型の切りくちが、なんともかわいいね。紅茶に浮かべたり、ケーキのデコレーションに使ったり……。どうやって使おうか、迷っちゃう！ 「初恋はレモンのあじ」なんてよくいうけど、本当に初恋のあじがするかもね。

山口県

ふぐ

山口
といえば！

やまぐちけん ｜ 中国地方

本州の西のはしっこにある山口県は、三方を海にかこまれていて、漁業がさかん。なかでも、ふぐの本場としてゆうめいな下関市は、関門橋でつながっている北九州市とのつながりが深いんだ。

山口県の基本情報

人口	約140万人
面積	約6112㎢
県の花	ナツミカンの花
県の鳥	ナベヅル
県の木	アカマツ
県庁所在地	山口市
県章	

特産品
ふぐ
取扱い量日本一の下関市では、「ふく」と呼ばれるよ。「福をもたらす魚」として親しまれているんだ。

錦帯橋
アーチ型の木造橋が、5つも連なってできている錦帯橋は、江戸時代のひとたちの知恵の結晶。

青海島
夏みかん
松下村塾
秋吉台
山口盆地 ❶
島根県
広島県
錦川
錦帯橋
安芸灘
屋代島
ふぐ
あまだい
下関漁港 ❷
関門橋
福岡県
県庁所在地
山口市
周防灘
みかん

巌流島 ❷
1612年に、関門海峡に浮かぶ船島で、宮本武蔵と佐々木小次郎との決闘がおこなわれた。まけた佐々木小次郎が「巌流」というりゅうぎだったことから「巌流島」と呼ばれているんだ。

SLやまぐち号 ❶
ピピーッという汽笛とともに発車オーライ！ ごうかいに煙をあげながら、レトロな旅へ出発だ。

山口県のココがスゴイ！ ベスト3

1 日本最大のカルスト台地 秋吉台

秋吉台は、日本最大のカルスト台地。石灰岩などが水に溶けたり、けずられたりしてできたでこぼこの地形のことを、カルスト台地っていうんだよ。秋吉台の石灰岩は、いまからおよそ3億5000年前にできたサンゴ礁が化石になったもの。秋吉台の地下には、長い時間をかけてできた鍾乳洞がたくさんあるよ。なかでもおおきいのが、秋芳洞。地下100メートルにある、全長8.9キロのどうくつなんだ！

2 幕末のヒーローを育てた 松下村塾

日本という国がおおきく変わった幕末から明治にかけて、たくさんのヒーローが活躍した。幕末の志士と呼ばれるひとたちは、いまでもとっても人気があるよね。きみは、誰が好きかな。幕末の志士をたくさん育てたのが、吉田松陰というひとがひらいた松下村塾。この塾では、「幕末の風雲児」と呼ばれた高杉晋作や、初代首相の伊藤博文など、日本史にのこる大活躍をしたメンバーが学んでいたんだよ。

3 伊藤博文のおすみつき 下関のふぐ

明治時代、伊藤博文が下関のある料亭を訪れたとき、お店のひとはすごく困った。当時、毒があるふぐを食べるのは厳しく禁じられていたのに、その日だせるのはふぐしかなかったんだ。お店の人は、罰せられるのをかくごしてふぐ料理を博文にだした。すると、それを食べた博文は、あまりのおいしさに大かんげき！　その後、ふぐを食べるのを解禁させたぐらいだから、よっぽど気に入ったんだね。

おもしろ情報　ちょっと福岡まで行ってくるけん！ 海底のトンネルを抜けると、そこは福岡だった!?

下関市は、海底トンネル「関門トンネル」で福岡県の北九州市とつながっている。じつはこの関門トンネルは二重構造で、上は車道に、その下は歩いて通れる人道になっている。エレベーターで地下約50メートルまで降りれば、そこにはトンネルの入り口がある。長さ780メートルのトンネルを抜ければ、北九州市にとうちゃくだ！　トンネルの途中には、山口県と福岡県の県境も示されているよ。

徳島県

徳島といえば！
阿波おどり

とくしまけん | 四国地方

面積のほとんどを山地がしめる徳島県。県内でいちばん高い剣山は標高が1955メートルもあるんだ。徳島平野では、さつまいもやすだちなどの野菜の生産がさかん。

特産品

すだち

全国シェアはほぼ100パーセント！ さわやかな香りがとくちょうのすだちは徳島を代表する味覚。

藍染め

藍染めの染料となる蒅づくりの本場、徳島県は、古くから藍染めがさかんな藍のふるさと。

大鳴門橋

淡路島

鳴門海峡

藍染め

さつまいも

はも

香川県

讃岐山脈

吉野川

徳島平野

阿波おどり

県庁所在地
徳島市

愛媛県

① 四国山地

剣山

つるぎさん

すだち

LED
エルイーディー

紀伊水道

高知県

阿波尾鶏

祖谷 小便小僧 ①

V字型に深く切り込んだ渓谷である祖谷渓をのぞむ高さ約200メートルの断崖には、小便小僧がいる。目がくらむような景色をみながらも、平気な様子の小便小僧は度胸まんてん!?むかしは、地元のこどもたちもこの場所に立って度胸試しをしたんだって。

ウミガメ ②

毎年5月の中旬ごろから、美波町の大浜海岸には、ウミガメが産卵にやってくるよ。

徳島県のココがスゴイ！ ベスト3

1 徳島の夏の風物詩 阿波おどり

6月。徳島市では、夏の風物詩「阿波おどり」の練習が本格的にはじまるよ。400年の歴史がある阿波おどりは、県内各地でおこなわれているけれど、いちばん大規模なのが8月の12日から15日におこなわれる徳島市の阿波おどり。4日間、徳島市内では「ア、ヤットサー　ア、ヤットヤット」のかけ声をあげておどるおどり子さんたちの笑顔がはじける！　活気あふれる阿波おどり、みているうちに体が動きだす!?

2 世界を照らす徳島のLED

エジソンが実用化に成功して以来、白熱電球は世界中を照らしてきたけれど、ここ数年、照明は軽くて寿命も長いLEDに変わってきている。じつは徳島県は、世界シェアトップクラスのLEDメーカーがあり、関連企業も100社以上が集まっているLED先進地域。徳島市では3年にいちど、「徳島LEDアートフェスティバル」がひらかれていて、まち全体がLEDアートの美術館になるんだよ。

3 ダイナミック！ 世界三大潮流 鳴門の渦潮

鳴門市と兵庫県淡路島の間にある鳴門海峡では、世界最大級の渦潮をみることができるよ。世界三大潮流のひとつ、鳴門の渦潮だ。海の上で、潮がぐるぐると渦をまくようすは、迫力まんてん！　1カ月に2回やってくる大潮の日は、おおきい渦潮をみるチャンスだ。水しぶきがかかるほどに近づく観潮船や、海上45メートルにある大鳴門橋のガラス床など、いろんな場所から渦潮を観察できるんだよ。

おもしろ情報

"すだち"はないけど "はっぱ"はある！ 大活躍 上勝町のおばあちゃん

つまものって、なーんだ。正解は、料理にそえられる季節の花やはっぱなどのこと。おさしみの下にしかれているはっぱも立派なつまものだ。高齢化と農業の衰退にこまっていた上勝町は、つまものをあつかう「はっぱビジネス」で大せいこうしたんだ。はっぱはちいさくて軽いから高齢者や女性でもさいばいやとりあつかいが簡単。上勝町のはっぱビジネスでは、おばあちゃんたちが大活躍しているんだよ。

香川県

香川といえば うどん

かがわけん ｜ 四国地方

香川県の基本情報

人口	約97万人
面積	約1876㎢
県の花	オリーブ
県の鳥	ホトトギス
県の木	オリーブ
県庁所在地	高松市

県章	

さぬきうどんでゆうめいな香川県には、小豆島などたくさんの島があるけれど、面積は日本でいちばんちいさい。雨が少ないから、ため池がたくさんあるのもとくちょうだ。

特産品 オリーブ

小豆島は、オリーブ生産量日本一！食用だけじゃなくて、化粧品の原料としても人気だよ。

岡山県

オリーブ ❶ 小豆島

県庁所在地 高松市

❷

瀬戸大橋

ハマチ

うちわ

金刀比羅宮

讃岐平野

にんにく

満濃池 讃 岐 山 脈

徳島県

レタス

愛媛県

手延べそうめん ❶

小豆島のブランドそうめん「島の光」は、瀬戸内の太陽と潮風をたくさんあびたじまんの特産品。

栗林公園 ❷

100年以上かけてつくられた庭園。「一歩一景」ともいわれ、一歩あるくごとに景色が変わるほどみどころがたくさん。約1400本もの松の木があり、「松の庭」とも呼ばれているんだ。

金刀比羅宮

「こんぴらさん」のあいしょうで親しまれている神社。参道の石段は1368段もあるんだ。

高知県

香川県のココがスゴイ! ベスト3

1 香川県民のこころ 讃岐うどん

香川県のうどんじまんのひみつは気候にあり! 香川県は、あたたかくて雨が少ない気候だから、うどんの原料である小麦のさいばいがさかんなんだ。なんと、讃岐うどんのために開発された小麦があるんだよ。そのなも「さぬきの夢」。さすが香川県、うどんへの熱いこだわりが伝わってくるね。香川県にはうどん文化が生活にねづいていて、お正月にも、新年の幸せを願ってうどんを食べるんだって。

2 ため池の総貯水量1億4000万トン!?

雨が少ない気候は、うどんの原料となる小麦やオリーブなど、香川県の特産品のさいばいにかかせない。だけど、日本中で古くからおこなわれているコメづくりには、水がたくさん必要だ。川の水量も少ない香川県、さあ困った。だから、雨水をためておくため池をつくったんだ。その数、およそ1万4000。総貯水量はなんと、1億4000万トン。ちなみに、小学校の25メートルプールの水の量はおよそ400トンだよ。

3 日本の夏に涼しい風をおくる 丸亀うちわ

丸亀市は、うちわの生産量が日本一! 江戸時代からはじまった丸亀のうちわづくりは、「伊予竹に土佐紙貼りてあわ(阿波)ぐれば讃岐うちわで至極(四国)涼しい」とうたいつがれているように、竹は伊予(愛媛)、紙は土佐(高知)、のりは阿波(徳島)から手に入れることができたから、おおいに栄えたんだ。交通が発達していなかった江戸時代、近くの材料を使えるというのはおおきなつよみだったんだよ。

おもしろ情報 みれば健康でおかねに困らなくなる? 観音寺市の銭型砂絵

観音寺市にある「銭型砂絵」は、砂でできたおかね。江戸時代に、とのさまがやってくるのを歓迎して「寛永通宝」という、当時使われていたおかねのかたちの砂絵をつくったといわれているよ。銭型砂絵はとてもおおき

くて、東西に122メートル、南北90メートルもあるんだ。こんなにおおきいのに、たったのひと晩でつくられたというからおどろきだ。みれば健康でおかねに困らなくなるといわれる銭型砂絵、みてみたいね!

愛媛県

えひめけん	四国地方

面積のほとんどが山地で、くだものの生産がさかんな愛媛県。いちばんの特産品はみかんなどのかんきつ類だよ。今治市と広島県尾道市をつなぐしまなみ海道で本州とつながっているんだ。

愛媛県の基本情報

人口	約138万人
面積	約5676㎢
県の花	ミカンの花
県の鳥	コマドリ
県の木	マツ
県庁所在地	松山市
県章	

しまなみ海道
瀬戸内海にうかぶ「しま」と、海の「なみ」をみながらわたる連絡橋。自転車でわたれば、気分爽快！

香川県

瀬戸内海

しまなみ海道（西瀬戸自動車道）

高縄半島

タオル

道後温泉

県庁所在地 松山市

松山平野

徳島県

東平

石鎚山

高知県

伊予灘

国 山 地

四 国

くり

佐田岬半島

肱川

宇和海

たい

みかん ①

石鎚山
面積のほとんどが山地の愛媛県のなかでもひときわ高い石鎚山は、高さ1982メートルの西日本最高峰。

特産品
みかん
生産量は全国トップクラス。いよかんなど、ほかのかんきつ類のさいばいもさかんだよ。

牛鬼まつり ①
宇和島の夏まつりの主役は、なんといっても牛鬼。頭は鬼で、胴体は牛の形をした巨大な山車が、首をうちふりながらまちをねりあるくよ。その姿はまるで生きているみたい!?

愛媛県のココがスゴイ！ ベスト3

1 生産量日本一 かんきつ王国 愛媛

愛媛県はみかんやいよかん、ぽんかんなどのかんきつ類の生産がさかんで、生産量は日本一！　かんきつ類がよく育つのは、太陽のおかげ。なんと、愛媛には「3つの太陽」があるんだって。1つは空からふりそそぐ太陽、2つめは瀬戸内の海から照り返す太陽の光、そして3つめは、段々畑をかこんでいる石垣から照り返す太陽の光。瀬戸内海にかこまれていて、全体的に山がちな愛媛県だからこそ、かんきつ類がおいしく育つんだね。

2 標高750メートルの 天空のまち 東平

愛媛県には天空のまちがある。東平は、標高約750メートルにある天空のまち。かつて、日本有数の銅山だった別子銅山の労働者や、その家族が住んでいたんだよ。鉱石をためておく貯蔵庫のほか、学校や劇場などもあって、とてもにぎわっていたんだ。昭和40年代に銅山が閉山したあと、まちからひとがいなくなって、たてものだけがのこされたんだ。天空のまちの暮らしは、どんなものだったんだろうね。

3 3000年の歴史 道後温泉

道後温泉にはなんと、3000年もの歴史があるんだ。伝説によると、さいしょに発見したのは足をけがした白鷺という鳥なんだって。白鷺は岩のすきまから温泉がわき出しているのをみつけ、毎日足をつけていた。何日か続けるうちにすっかりけががよくなって、元気に飛び立っていった。それをみていたひとたちも、温泉につかるようになったんだ。あの聖徳太子も、道後温泉につかったことがあるんだって！

おもしろ情報　ペンネームは「野球」?? 野球が大好き 正岡子規

愛媛県出身の歌人・俳人の正岡子規は、野球が大好きだったんだ。松山に野球を紹介したのも子規だといわれているんだよ。子規は、子どものころのなまえが「升」だったことにちなみ、「野球（のぼーる）」というペンネームで、野球に関する短歌や俳句をたくさんのこしたんだ。例えば、「今やかの 三つのベースに 人満ちて そゞろに胸の打ち騒ぐかな」。野球が楽しい！　っていう気持ちが、ストレートに伝わってくる短歌だね。

松山市の野球歴史資料館「の・ボールミュージアム」の館内。

高知県

こうちけん | 四国地方

高知
といえば！

坂本龍馬

四国の南に位置し、東西に細長い弓のような形をした高知県。西部には、四国でいちばん長い四万十川が流れている。遠くの海でかつおやマグロをとる遠洋漁業がさかんだよ。

高知県の基本情報

人口	約72万人
面積	約7103㎢
県の花	ヤマモモ
県の鳥	ヤイロチョウ
県の木	ヤナセスギ
県庁所在地	高知市
県章	

土佐闘犬

犬どうしをたたかわせる闘犬。横綱が化粧まわしをしめて土俵入りする様子は堂々たるもの。

徳島県

山地

四国山地

物部川

仁淀川

高知平野

ゆず

なす

愛媛県

坂本龍馬像

県庁所在地
高知市

ショウガ

カツオ

土佐湾

四万十川

たい

サバ ①

特産品 カツオ

高知県の味覚に、カツオははずせない。たたきのほかにも、生節など、料理法もたくさん！

足摺岬 ①

四国でいちばん南にある岬。展望台からの景色は「地球の丸さを実感できる」大パノラマ。

よさこい祭り

おどり子たちが、鳴子という楽器を鳴らしながらおどりをひろうするよ。チームごとに振りつけや、衣装、音楽がちがうんだ。ロック調やサンバ調など、みているだけでも楽しい！

高知県のココがスゴイ！ ベスト3

1 四国一の大河 四万十川

四万十川の長さは、196キロ。四国でいちばん長い川で、日本最後の清流ともいわれているきれいな川。おおきく曲がりながら流れているから、ダムをつくったりするのが難しくて、きれいな状態を保ってこれたんだ。四万十川では、楽しいあそびがたくさんできるよ。たとえば宝石探し。四万十川にある蛇紋岩は、へびみたいなもようのみどりいろの石で、キュキュッとみがくと、ぴかぴか光る。「四万十の宝石」とも呼ばれているんだよ。

2 高知の味覚の代表選手 カツオ

カツオには、旬の時期が1年に2回ある。春のカツオは初ガツオ。秋のカツオは戻りガツオ。カツオはひろい海を旅する魚で、春は黒潮にのって北へと進むけれど、秋になると南へともどってくるんだ。高知の漁師さんたちも、カツオを追いかけて旅をしているんだよ。いまでも、カツオを高々とごうかいに釣りあげる「カツオの一本釣り」でカツオ漁をしているんだって。

3 土佐のヒーローといえば 坂本龍馬ぜよ

世のひとは我をなんともいわばいえ　我がなすことは我のみぞ知る。幕末の英ゆう、坂本龍馬がいったとされる言葉だ。簡単にいうと、「人がなんといおうと、自分の道は自分で決める」ということ。幕末の時代をかけぬけた龍馬らしい言葉だね。活躍したのは150年以上も前なのに、いまでもファンがたえない人気ぶりに、出身地である高知県も鼻高々！　時代をこえて愛されるヒミツは、自分を信じてつき進む強さにあるのかもね。

おもしろ情報

カツオだけじゃない！
海洋深層水も高知のじまん

海のいきもの、なにが好き？　海はひろいから、いきものもたくさん。でも、海はひろいだけじゃなくて、とっても深いんだ。深い海の底の世界には、まだよくわかっていないことが多い。想像もできないようないきものがいるかもしれないね。高知県の特産品のひとつ、海洋深層水は水深300メートル以上の深海の水。塩分をぬいて飲料水にしたり、化粧品の原料にしたりと、いろんな商品がつくられているんだよ。

ものづくり大国・ニッポン

太平洋ベルトと呼ばれる地域を中心に、工業がさかんな日本。日本でつくられた工業製品は、日本国内だけでなく、世界中で販売されているんだよ。世界にほこる日本のものづくりを地図とデータでみてみよう！

工業のさかんなところはどんなところ？

おもな工業地帯・工業地域の製造品出荷額

出典：経済産業省 平成30年工業統計調査

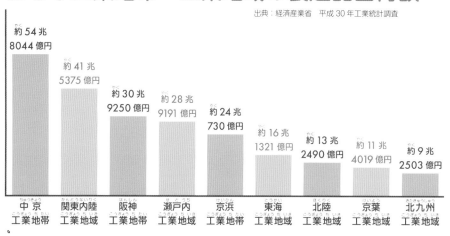

- 中京工業地帯　約54兆8044億円
- 関東内陸工業地域　約41兆5375億円
- 阪神工業地帯　約30兆9250億円
- 瀬戸内工業地域　約28兆9191億円
- 京浜工業地帯　約24兆730億円
- 東海工業地域　約16兆1321億円
- 北陸工業地域　約13兆2490億円
- 京葉工業地域　約11兆4019億円
- 北九州工業地域　約9兆2503億円

工業地帯や工業地域は、海に面しているところに多いね。近くに港があるから、材料やつくったものを船で運ぶのに便利なんだ。最近では、高速道路が整備されたことによって、関東内陸工業地域など、内陸部でも工業がさかんなところがあるよ。日本でいちばん工業がさかんなのが、中京工業地帯。自動車産業でゆうめいな愛知県が含まれているよ。

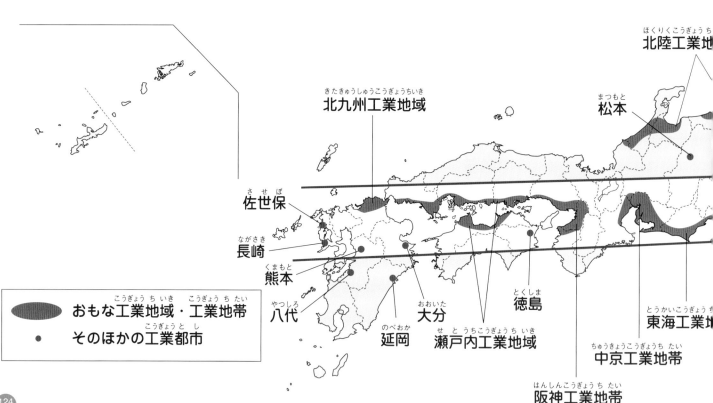

- おもな工業地域・工業地帯
- そのほかの工業都市

北陸工業地帯
北九州工業地域
松本
佐世保
長崎
熊本
八代
延岡
大分
徳島
瀬戸内工業地域
東海工業地帯
中京工業地帯
阪神工業地帯

中小工場と大工場

出典：経済産業省　2019年工業統計表

工場数	中小工場 98.1 パーセント	大工場 1.9 パーセント
	18万5116ケ所	
はたらくひとの数	中小工場 66.2 パーセント	大工場 33.8 パーセント
	777万8124人	
出荷額	中小工場 47 パーセント	大工場 53 パーセント
	331兆8093億7700万円	

大工場と中小工場が支え合う日本の工業

日本にある工場は、ほとんどが中小工場。中小工場とは、はたらくひとの数が299人以下の工場のこと。300人以上は大工場だよ。中小工場でつくられた部品などを、大工場で組み立てているんだ。たとえば、自動車をつくるのに必要なタイヤやシートなどは、大工場が中小工場から仕入れているんだ。日本の工業は、大工場と中小工場が支え合って成り立っているんだね。

札幌
苫小牧
室蘭
釧路
八戸
北上
仙台
関東内陸工業地域
日立
太平洋ベルト
鹿島
京葉工業地域
京浜工業地帯

！太平洋ベルト

関東地方から九州地方北部を結ぶ地域。太平洋に帯状につらなっているから、「太平洋ベルト」というんだ。

時代をつくる！　ものづくりコラム

かっこいいぞ!!　日本の中小工場

2009年、大阪府の中小工場が人工衛星「まいど1号」の打ち上げをせいこうさせた。そして2013年には、東京都の中小工場が中心になってつくった深海探査機「江戸っ子1号」が、水深7800メートルでの深海魚の撮影をせいこうさせたよ。人工衛星に深海探査機なんて、わくわくしちゃうね。規模はちいさくても、高い技術力でゆめのあるものづくりをしている日本の中小工場は、かっこいいぞ！

「江戸っ子1号」の海底探査のようすだよ。

写真提供：JAMSTEC

ところ変われば食変わる！日本の食文化

日本には、それぞれの地域でうけつがれてきた独特の食文化があるよ。ユネスコ（国際連合教育科学文化機関）の無形文化遺産にも登録された日本の食文化の魅力を知ろう。

日本の食文化の魅力

各地でとれるさまざまな食材

海に近い地域では魚介類、山に近い地域では山菜など、それぞれの地域でとれる食材を使っている。

季節や年中行事との関わり

お正月のおせち料理や、ひなまつりのちらし寿司など、季節や行事に合わせた料理が楽しめる。

➡ **日本各地には、地域のとくちょうや文化によって育まれた独特の食文化がある**

それぞれの地域でとれる食材や、季節・行事を楽しめることなどが、日本の食文化の魅力なんだね。

世界中にじまんしちゃおう！
ユネスコ無形文化遺産に登録された和食

土地でとれる食材をいかし、季節を意識している日本の食文化は、自然を大切にしているところが認められ、ユネスコ（国際連合教育科学文化機関）の無形文化遺産に登録されたよ。「無形文化遺産」には、それぞれの地域でうけつがれてきた伝統工芸の技術やおまつりなどが登録されるんだ。

食の比較 1 ところ変われば うどん 変わる！
東のこいあじ・西のうすあじの境界を探せ！

西 いろのうすいコンブだしのつゆ

西日本のうどんのつゆは、コンブやいりこなどのだしのあじをいかしたいろのうすいつゆ。

いろのこいカツオだしのつゆ 東

東日本のうどんのつゆは、カツオだしと醤油のあじがきいたいろのこいつゆ。

あじの境界はココだ！
あくまで目安だけど、中部地方と近畿地方のあたりに、こいあじとうすあじの境界線があるといわれているんだ。

東と西では醤油もちがう
東のこいくち、西のうすくち
東と西のうどんのあじのちがいは、醤油のちがいでもある。東日本を中心に、日本各地で使われているのは、「こいくち醤油」。近畿地方を中心に、西日本で使われているのが「うすくち醤油」。「こいくち」は醤油のあじをつけるために使われるのに対して、「うすくち」は素材のあじをいかすために使われるよ。

ところ変われば お雑煮 変わる！
全国各地　じまんのお雑煮をご紹介

お正月に食べるお雑煮も、地域によってさまざま。あじじまんのお雑煮のなかから、一部を紹介するよ。

京都府
京雑煮 〔丸もち〕〔白みそ仕立て〕

具材の頭いもには、「ひとの頭（リーダー）になるように」という願いが込められているよ。

角もちと丸もちの境界線

東と西では、おもちの形もちがう。この境界線は目安だけど、東日本には角もちが、西日本には丸もちが多いよ。角もちは、ついたおもちを平べったく伸ばしてから、包丁で四角く切ってつくるんだ。丸もちは、つきたてのおもちを手で丸めてつくるんだよ。

岩手県
くるみだれ雑煮 〔角もち〕〔すまし仕立て〕

お雑煮のなかのおもちを、砂糖などであじつけしたくるみだれにつけながら食べるよ。

広島県
かき雑煮 〔丸もち〕〔すまし仕立て〕

かきの濃厚なあじが楽しめるお雑煮は、かきの産地・広島らしい一杯。

新潟県
越後雑煮 〔角もち〕〔すまし仕立て〕

サケとトト豆（加熱したイクラ）、たっぷりの野菜が入ったごうかなお雑煮。

香川県
あんもち雑煮

おもちはなんと、あんこもち。びっくりしちゃうけど、香川ではお正月の定番。

東日本ではすまし仕立て、西日本では白みそ仕立てのお雑煮が多いよ。お雑煮は、地域によってちがうだけでなく、家庭によっても千差万別。1年のはじめに家族といっしょに食べるお雑煮のあじ、うけついでいきたいね。

食の比較 3 **ところ変われば 給食 変わる！**
給食に取り入れられている郷土料理をご紹介

郷土料理は、それぞれの地域で親から子、子から孫へとうけつがれてきた「ふるさとのあじ」。給食にも取り入れられている郷土料理を紹介するよ。

三平汁 〔北海道〕
塩づけにした魚とたっぷりの野菜が入っているよ。「三平さん」というひとがつくりはじめたといわれている。

しもつかれ 〔栃木県〕
大根やにんじんなどを、「鬼おろし」という道具ですりおろしてつくるんだよ。

ひきずり 〔愛知県〕
名古屋のすき焼き「ひきずり」には、愛知県で生産がさかんなとり肉が使われているよ。

丹後のまつぶた寿司 〔京都府〕
丹後でお寿司といったら「まつぶた寿司」。松の木でできた箱にしきつめてつくるんだよ。

親がにのみそ汁 〔鳥取県〕
親がにとは、ズワイガニのメスのこと。冬のみそ汁の具として親しまれているよ。

冷や汁 〔宮崎県〕
よく冷やしてから、あついごはんにかけて食べるんだよ。

九州・沖縄地方

こんな地方だよ

自然のめぐみがたくさんで、
めずらしい動物もたくさんいる。
（写真は、鹿児島県屋久島の屋久シカ）

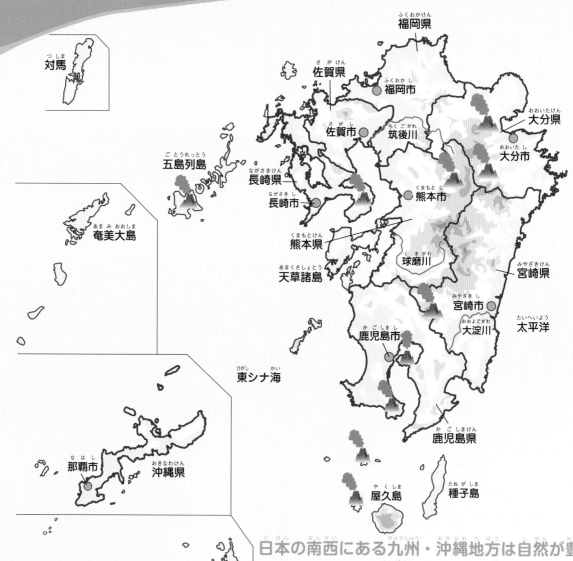

対馬

五島列島

福岡県

佐賀県
福岡市

佐賀市　筑後川

大分県

大分市

長崎県
長崎市

熊本市

奄美大島

熊本県

天草諸島

球磨川

宮崎県

宮崎市

大淀川　太平洋

鹿児島市

東シナ海

鹿児島県

那覇市

沖縄県

屋久島　種子島

日本の南西にある九州・沖縄地方は自然が豊
か。ひとびとは、自然のめぐみを受けながらも、
自然の厳しさと向き合う暮らしをしているよ。

九州・沖縄地方の キーワード

農業と自然災害

☑ 農業がさかんな九州・沖縄地方

出典：農林水産省
平成30年農業所得統計

> 九州・沖縄地方は、地方別農業生産額がいちばん多い！

中国地方 約4597億円

近畿地方 約5899億円

北海道地方 約1兆2593億円

中部地方 約1兆4036億円

東北地方 約1兆4324億円

四国地方 約4201億円

九州・沖縄地方 約1兆8845億円

関東地方 約1兆6787億円

九州の農業のとくちょう 1

冬でもあたたかい気候をいかして

⬇

ピーマンやきゅうりなどの促成さいばいがさかん

九州の農業のとくちょう 2

シラス台地をいかして

⬇

さつまいもなど、水はけのよい地域で育つ作物のさいばいがさかん

❗ 促成さいばい

ビニールハウスや温室を利用して、野菜などをふつうに育てるよりも早い時期に収穫するさいばい方法。九州・沖縄地方はあたたかいので、ほかの地域よりも暖房代などを節約できるんだ。

❗ シラス台地

火山灰がふりつもってできた土地。水はけはよいけれど、コメづくりには適していない。そのため、シラス台地がひろがる宮崎県や鹿児島県では、さつまいもなどのさいばいや、畜産がさかんなんだ。

☑ 豊かな自然と自然災害

自然のめぐみ

サンゴ礁がひろがる海

鹿児島県の奄美大島や、沖縄県などではサンゴ礁がひろがるあおい海をみることができるよ。沖縄には、サンゴ礁でできた島もあるんだ。

活火山

いまも噴火をくりかえしている桜島のほかにも、活火山がたくさんある九州・沖縄地方。温泉や地熱発電所が多いのは、活火山のおかげ。

島

神秘的な森がひろがる世界自然遺産・屋久島や、迫力あるリアス海岸をみられる対馬など、豊かな自然が魅力の島がたくさんある。

豊かな自然のめぐみがある一方では…

九州・沖縄地方には自然のめぐみがある一方で、自然の厳しさにもさらされている。

自然災害

火山の噴火

桜島周辺では、噴火のたびにふりつもる火山灰の処理がたいへん。おおきな噴火がおきれば、けが人が出ることもある。

台風・豪雨

台風の通り道となりやすい九州・沖縄地方。豪雨も多く、川の水があふれて、道路が冠水してしまうなどのひがいが出ることもある。

土砂災害

台風や豪雨が多いことや、水はけのよいシラス台地が広がっていることなどから、九州では、土砂災害もおきやすい。

福岡県

太宰府天満宮

ふくおかけん ｜ 九州・沖縄地方

九州地方のなかでいちばん人口が多い福岡県は、九州の政治や経済の中心。朝鮮半島や中国大陸にも近いから、アジアの玄関口とも呼ばれているよ。

福岡県の基本情報	
人口	約510万人
面積	約4986㎢
県の花	ウメ
県の鳥	ウグイス
県の木	ツツジ
県庁所在地	福岡市
県章	

特産品

イチゴ

生産量は日本トップクラス！「あまおう」や「博多とよのか」など、人気の品種もたくさん。

山口県

関門橋

たい

玄界灘

東田第一高炉跡

直方平野

自動車

県庁所在地
福岡市

福岡平野

太宰府天満宮

脊振山地

筑紫山地

大分県

周防灘

イチゴ

佐賀県

筑後川

八女茶

筑紫平野

熊本県

のり

有明海

門司港レトロ ❶

明治から大正にかけてたてられた洋館がならぶ門司港レトロは、大正ロマンただようまちなみ。

博多どんたく港まつり ❷

毎年多くの人出でにぎわう、博多の春のおまつり。♪ぼんちかわいや ねんねしな♪ ではじまる「どんたくばやし」にあわせて、しゃもじを鳴らしながらおどるんだよ。

博多ラーメン

とんこつラーメンの本場、福岡県。麺だけをおかわりする「替え玉」も福岡県が発祥なんだって。

130

福岡県のココがスゴイ！ ベスト3

1 日本の近代化を支えた製鉄のまち 北九州

左の写真は、日本初の近代的製鉄所、八幡製鐵所の東田第一高炉。高炉は、鉄鉱石から鉄をつくるしせつだよ。かん板に「1901」とあるのがみえるかな。1901年は、東田第一高炉がうごきだした年。「鉄は国家なり」といわれていた明治時代、近代国家のなかま入りをするために、鉄はかかせないものだった。日本の産業の本格的な近代化は、製鉄所の心ぞうともいわれる高炉がうごきだした1901年にはじまったんだね。

2 あまおう、とよのか…福岡のおいしいイチゴ

あかい、まるい、おおきい、うまい。4つの言葉の頭文字をつなげて「あまおう」。福岡県うまれのイチゴ、「あまおう」は4拍子そろったイチゴの王さまだ。「とよのか」や「さちのか」など、種類がたくさんある福岡県うまれのイチゴの中でも、とくに人気なのが「あまおう」。福岡県のイチゴは種類が多いだけでなく、生産量だって全国上位にランクイン！ 西日本がほこるイチゴ王国なんだよ。

3 そのとき、うめが飛んだ!? 太宰府天満宮

太宰府天満宮のご神木は、うめの木。なんとこのうめの木、空を飛んだらしい！ 太宰府天満宮がお祀りしている菅原道真は、「学問の神様」と呼ばれる平安時代の政治家。あるとき無実の罪を着せられ、京都から太宰府へ左遷されたんだ。すると、道真が大事にしていたうめの木も、道真をおいかけて空を飛んで太宰府までやってきたという言い伝えがあるんだ。このうめの木は「飛び梅」といわれ、毎年春にみごとな花を咲かせているよ。

おもしろ情報

元祖スイーツ男子？？ 筑豊炭田作業員はあま〜いのがお好き

福岡のおみやげとして大人気のひよこの形のお饅頭は、筑豊という地域が発祥なんだ。四角い形でおなじみの「チロルチョコ」も、発祥は筑豊。筑豊には老舗のお菓子メーカーがたくさんある。なんでかというと、む

かし、筑豊炭田というおおきな炭鉱があったからなんだ。まだ機械も発達していない時代、炭鉱のしごとはたいへんな重労働だった。だから炭鉱ではたらいていたひとたちは、あまいお菓子で疲れをいやしていたんだって。

これがひよこの形のお饅頭、「名菓ひよ子」。

佐賀県

さがけん | 九州・沖縄地方

佐賀
といえば

吉野ヶ里遺跡

筑紫平野を中心に、農業がさかんな佐賀県。なかでも、ハウスみかんの生産量は日本トップクラス。有明海には、ムツゴロウなど、たくさんのいきものがいる日本最大の干潟があるよ。

佐賀県の基本情報

人口	約83万人
面積	約2440㎢
県の花	クスの花
県の鳥	カササギ
県の木	クスの木
県庁所在地	佐賀市
県章	

唐津くんち

唐津っ子が待ちわびる秋まつり。主役は「浦島太郎」や「赤獅子」など、町ごとにちがう14台の曳山。まつりのはじまりは秋の夜。ちょうちんで飾られた曳山がまちをかけぬけるんだよ！

呼子のイカ ❶

玄界灘でとれるイカは、呼子の名物。いきづくりやしゅうまいなど、食べ方もいろいろ。

イカ

❶
東松浦半島

福岡県

脊振山地

脊振山

ハウスみかん

唐津くんち

吉野ヶ里遺跡

特産品

のり

栄養分のゆたかな有明海ではのりの養殖がさかん。生産量だって全国トップクラス。

伊万里焼

有田焼

大麦

筑紫平野

❷

筑後川

県庁所在地
佐賀市

長崎県

タマネギ

ムツゴロウ

お茶

のり

バルーンフェスタ ❷

およそ100機もの気球が、いっせいに佐賀の大空へとまいあがれば、観客からは大かん声！

有明海

佐賀県のココがスゴイ！ ベスト3

1 日本最大級 弥生時代の集落 吉野ヶ里遺跡

吉野ヶ里遺跡では、弥生時代の歴史をまるごとみることができる。およそ600年つづいたといわれる弥生時代の、あらゆる年代の遺跡がみつかっているから、ちいさかったムラがだんだんおおきくなり、クニができていく様子がわかるんだ。遺跡では、吉野ヶ里のクニがもっとも栄えていた弥生時代の後期のたてものが再現されている。高床式倉庫や竪穴住居をながめれば、弥生時代の王国にタイムスリップ！

2 400年の歴史 焼き物王国 有田

有田町では、5つの器に5品の料理がもりつけられている「有田五膳」というご当地グルメが人気。ひもがかけられたふたつきの器は、玉手箱や宝石箱をイメージしてつくられているんだよ。器はもちろん、有田焼。有田焼は、歴史の長い焼き物なんだ。およそ400年にわたって技術がうけつがれてきた有田焼。伝統ある有田焼も、料理をおいしく食べるのにかかせない有田町のじまんのごちそうなんだね。

3 ムツゴロウがとびまわる！ 日本最大級の干潟

有明海は、潮の満ち引きの差がとてもおおきい。満潮のときには海だったところから潮が引くと、日本最大級の干潟の登場だ！ はるかむかし、火山が噴火したときに地下からわきだしたどろのうえでは、ムツゴロウにあえる。有明海のシンボル、ムツゴロウは、日本でも数か所でしかみられないめずらしいハゼ科の魚。はんしょく期になると、オスはどろのうえでジャンプ！ メスにアピールする求愛行動なんだよ。

おもしろ情報 干潟で大運動会！ 人間ムツゴロウにちょうせんだ

鹿島市でかいさいされる「ガタ（潟）リンピック」は、干潟の大運動会！「ガタスキー」という板にのって、干潟を進むはやさをきそったり、干潟のうえで自転車をこいだりと、ユニークな競技がもりだくさん。どろだらけになると、お母さんに怒られちゃう？ 心配ご無用！「ガタ（潟）リンピック」の日はとくべつ。おとなも子どもも、全身どろんこになって楽しむよ。参加者がどろまみれになるたびに、かん客もおおよろこび！

長崎県

長崎といえば
平和祈念像

ながさきけん ｜ 九州・沖縄地方

壱岐・対馬など、たくさんの島からなる長崎県。海岸線の長さは北海道についで全国2位。漁業がとてもさかんで、なかでもアジやサバの水揚げ量は全国トップクラス。

長崎県の基本情報

人口	約137万人
面積	約4130㎢
県の花	ウンゼンツツジ（ミヤマキリシマ）
県の鳥	オシドリ
県の木	ツバキ・ヒノキ
県庁所在地	長崎市

県章

対馬

佐世保バーガー ❶

お店ごとに、味もサイズも異なる手づくりのハンバーガー。食べ歩きするのも楽しいね。

平和祈念像

1945年8月9日、長崎市に原子爆弾が投下されてから10年後につくられた像。原子爆弾のおそろしさと平和へのいのり、ぎせいになった方のめいふくをいのる心を示しているんだよ。

壱岐

アジ

サバ

平戸島

みかん

佐賀県

特産品

サバ

日本でもトップクラスの水揚げ量をほこる長崎のサバ。「旬さば」はじまんのブランドサバ。

五島列島

西彼杵半島

大村湾

有明海

島原半島

雲仙岳

橘湾

じゃがいも

大浦天主堂

長崎漁港

端島（軍艦島）

県庁所在地
長崎市

長崎くんち ❷

異国情緒あふれるおどりに、「もってこーい」というアンコールの声がかけられるよ。

長崎県のココがスゴイ! ベスト3

1 キリスト教徒がみつかった 大浦天主堂

日本現存最古の教会、大浦天主堂ができたのは、幕末の1864年。開国のあと、日本にやってきたフランス人のためにたてられたんだ。当時、日本ではキリスト教は厳しく禁じられていたんだけど、大浦天主堂には「私はキリスト教徒です」というひとたちが現れたんだ。これにはフランス人の神父さまもびっくり。教会もなく、神父さまもいない日本で、250年以上も信仰を続けてきたなんて、おどろきだよね。

2 たい、イカ、アジ… 海の幸の宝庫 長崎県

魚島来めし。なんて読むか、わかるかな? 答えは、おとこめし。旬の魚のおさしみにごまだれをかけ、ごはんのうえにのせてたべるんだ。もともと、松浦市の漁師さんたちが食べていたんだって。長崎県は漁業がさかんで、都道府県別の水揚げ量は、北海道についで全国2位なんだよ。魚の種類も、イカにたい、アジにとらふぐに…。とにかくもりだくさん。なかでも、松浦港と長崎港は水揚げ量が多いよ。

3 日本の造船の歴史がみえるまち 長崎

三菱重工業株式会社　長崎造船所

長崎市は造船のまち。長崎の造船の歴史は、1861年に設立された長崎製鉄所からはじまる。明治時代には、西洋の技術をとりいれた近代的な造船ができるようになったんだ。イギリスから輸入されたジャイアント・カンチレバークレーン（左の写真）は、当時から長崎の造船におおきく貢献してきた巨大な電動クレーン。空襲や原子爆弾の被害をいきぬいて、いまも長崎市ではたらいているんだよ。

おもしろ情報 海にうかぶ廃墟の島 人呼んで軍艦島!!

長崎港の南西およそ19キロにうかぶ端島は、かつて炭鉱の島として栄えた。海底の石炭を採掘していたから、地下には採掘のためのしせつが、地上には炭鉱労働者やその家族が暮らす住宅などがあったんだ。わずか6ヘクタールほどの島に、高層アパートなどがたちならんでいた（ちなみに、東京ドームは約4.7ヘクタール）。その外観から、「軍艦島」と呼ばれていたんだよ。1970年代、炭鉱が閉山すると、島は無人島となったんだ。

熊本県

くまもとけん ｜ 九州・沖縄地方

阿蘇山

九州地方の中央にある熊本県。世界最大級のカルデラのある活火山、阿蘇山がシンボルだ。農業がとてもさかんで、トマトやスイカなど全国トップクラスの生産量をほこる作物がたくさん。

熊本県の基本情報

人口	約178万人
面積	約7409㎢
県の花	リンドウ
県の鳥	ヒバリ
県の木	クスノキ
県庁所在地	熊本市
県章	

崎津天主堂

天草の海をのぞむ場所にたてられた崎津天主堂は、「海の天主堂」とも呼ばれているよ。キリスト教が迫害されていた時代には、教会の中で「絵踏み」がおこなわれていたんだ。

佐賀県

福岡県

大分県

有明海

トマト

おばけの金太

阿蘇山

乳牛

県庁所在地
熊本市

熊本平野

九州山地

長崎県

スイカ

イ草

宮崎県

天草諸島

崎津天主堂 ⛪

クルマエビ

八代平野

八代海

球磨川

人吉盆地

鹿児島県

通潤橋 ❶

水不足を解決するため、1854年につくられた水路橋。ごうかいな放水が大人気！

特産品

スイカ

熊本県は、スイカの生産がさかん。なかでも、植木町はさいばい面積、生産量ともに日本一。

おばけの金太

江戸時代からつたわる郷土玩具。ひもをひっぱると金太の目玉がひっくりかえってあっかんべえ。

熊本県のココがスゴイ! ベスト3

1 水道水の8割が地下水 水の国熊本

活火山である阿蘇山がシンボルだから、「火の国」と呼ばれている熊本県。でも「水の国」とも呼ばれているんだ。火と水じゃあぜんぜんちがうのに、どうして? じつは熊本県は、県内の水道水のほとんどが地下水。なかには、生活用水の100パーセントを地下水で補う地域もあるんだ。これは、全国でも本当にめずらしい。なんと、地下水で泳げるプールまであるんだよ!

2 世界最大級 阿蘇山のカルデラ

東西約17キロ、南北約25キロ。世界最大級と呼ばれるだけあって、阿蘇山のカルデラは、本当におおきい! でも、阿蘇山という山はないんだよ。びっくりでしょ? どういうことかというと、高岳や中岳などを総称して「阿蘇山」と呼んでいるんだ。ちなみに、よく写真などでみる第一火口は、中岳にあるんだよ。エメラルドグリーンの火口湖からけむりをあげる姿は、さすが「火の国」のシンボル!

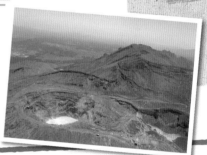

3 畳の材料 イ草の生産量日本一!

畳のにおいって、ほっとするね。あれは「イ草」のにおいなんだよ。畳は畳床という土台に、イ草でつくった畳表をはりつけてつくるんだ。熊本県は、イ草の生産量、畳表の生産量ともに日本一! とくに生産量の多い八代市は、イ草さいばい500年以上の歴史があるんだよ。江戸時代、八代市の千丁町のあたりをおさめていたお殿さまが、村が豊かになるようにと、イ草のさいばいを村人に教えたのがはじまりなんだって。

おもしろ情報 明るくて芯のつよい「おてもやん」 「火の国まつり」にあらわる??

熊本市の夏の風物詩といえば、火の国まつり。なんと約5000人もの参加者が、「おてもやん」をおどるんだ。「おてもやん」は、熊本の代表的な民謡。♪おてもやん あんたこの頃 嫁入りしたではないかいな♪ではじまる明るい歌で、熊本の方言が歌詞になっているんだよ。明るくて、芯のつよい「おてもやん」は、熊本の女のひとの象徴ともいわれているんだ。実在の人物がモデルだったんだって!

大分県

大分といえば！

温泉

おおいたけん ｜ 九州・沖縄地方

1000メートルをこえる高い山がたくさんある大分県は、温泉でゆうめい。とくに九重には、九州でいちばん高い「中岳」もあり、「九州の屋根」と呼ばれているよ。

大分県の基本情報

人口	約116万人
面積	約6340㎢
県の花	ブンゴウメ
県の鳥	メジロ
県の木	ブンゴウメ
県庁所在地	大分市
県章	

宇佐神宮

全国の八幡神社の総本宮。お参りのあとは、八幡大神にゆかりのある「宇佐飴」をたべたい！

地獄めぐり❶

近よることもできないほどあついお湯やどろがふきだしているところを「地獄」と呼んでいるよ。どろのいろで一面まっかにそめられている「血の池地獄」は、けむりまであかくみえる!?

周防灘

福岡県

中津平野

国東半島

宇佐神宮

豊後牛

湯布院温泉　別府温泉❶

別府湾

県庁所在地 大分市

関あじ

筑後川

八丁原地熱発電所

飯田高原

中岳

熊本県

大分平野

かぼす❷

ほししいたけ

九州山地

宮崎県

特産品

かぼす

生産量は、圧倒的日本一！毎年夏に「旬入り宣言」がおこなわれたあと、全国に出荷される。

臼杵石仏❷

平安時代末期から、鎌倉時代にかけてつくられた石仏。ぜんぶで60体以上もあるんだよ。

大分県のココがスゴイ！ ベスト3

1 源泉の数日本一の温泉県

大分県には、温泉がたくさんある。源泉の数はなんと約4400で、日本一！ 1分間にわきだすお湯の量も約28万リットルで、やっぱり日本一（およそドラム缶1400本分だよ）。温泉がじまんの大分県のなかでも、いちばん源泉の数が多いのが別府市。まちのあちこちで、湯けむりがもくもくとたちあがっているんだ。まちにたくさんある「共同湯」は、地元のひとたちのための温泉。ツウ好みのしぶ〜いあじわいで、観光客にも大人気。

2 日本最大 八丁原地熱発電所

大分県の八丁原発電所は日本一！ なにが日本一かわかるかな？ ヒントは、大分県のじまん「温泉」。こたえは、地熱発電の電力量だよ。温泉の多い大分県は、地熱エネルギーが豊富。地熱発電は、地面の深いところにある熱を利用して発電するんだ。県内にある八丁原発電所は、11万キロワットの電気を発電することができる、日本でいちばん発電量の多い地熱発電所なんだ。

3 かぼすをゆうめいにした 一村一品運動

自分に足りないものを考えて、ためいきが出ちゃうこと、あるよね。でも、少し考えかたをかえてみない？ 大分県がはじめた「一村一品運動」は、1つの地域に1つの「じまん」を育てようという、地域活性化のための運動。「ないものを考えるより、いまあるものをいかそう」。大分のひとたちは、いまの自分にできることといっしょうけんめい向き合って、かぼすなどを、全国的にゆうめいな特産品に育てたんだよ。

おもしろ情報 あつあつジューシー、たまらない！ 食べたい!! 大分県のからあげ

お弁当のおかず、なにが好き？ あまいたまごやきもいいけど、はずせないのがからあげ！ お弁当にからあげが入っていたときのうれしさったらないよね。大分県の中津市は「からあげの聖地」と呼ばれているんだよ。市内のからあげ専門店には、県外からのお客さんも来るほどの人気ぶり。「からあげ専門店発祥の地」宇佐市のからあげだって大人気。「聖地」の中津に「発祥の地」宇佐。大分県は、からあげ天国だ！

宮崎県

みやざきけん ｜ 九州・沖縄地方

宮崎といえば

日向夏

九州地方の南東にある宮崎県は、あたたかくて晴れの日が多い南国の気候。スポーツキャンプもさかんにおこなわれているよ。神話の舞台となっている場所もたくさんあるんだ。

宮崎県の基本情報

人口	約110万人
面積	約7735㎢
県の花	ハマユウ
県の鳥	コシジロヤマドリ
県の木	フェニックス・ヤマザクラ・オビスギ
県庁所在地	宮崎市
県章	

高千穂の夜神楽 ❶

その年の実りへの感謝と、つぎの年の豊作を神さまにお祈りするおまつり。民家や公民館に氏神さまをお招きして、神楽を奉納するんだ。神楽とは、神さまに音楽やおどりをささげる伝統芸能だよ。夜から明け方にかけて、徹夜でおこなわれるよ。

西都原古墳群 ❷

日本最大級の古墳群。300以上もの古墳があるけれど、まだ発掘されていないところも多いんだって。

チキン南蛮

カラリとあげたとり肉に甘酢をからめ、タルタルソースたっぷりで食べる宮崎県の郷土料理。

特産品

日向夏

生産量、さいばい面積ともに日本一。宮崎県では、お醤油をつけて食べたりもするんだって。

祖母山

大分県

❶

高千穂峡

五ヶ瀬川

九州山地

ほししいたけ

マンゴー

国見岳

熊本県

ピーマン

宮崎平野

❷

大淀川

霧島山

宮崎牛

日向夏

県庁所在地
宮崎市

鹿児島県

カツオ

宮崎県のココがスゴイ！ ベスト3

1 神話のふるさと「日向の国」

はるかむかし、「日向の国」と呼ばれていた宮崎県には、神話の舞台となっている場所がたくさんある。さんさんとふりそそぐ太陽のひかりに、あおい海と山のみどりがきらめく日向の国。むかしのひとは日向の国の自然のうつくしさをみて、神さまの存在を感じたのかもね。左の写真は、「天岩戸神話」の舞台のひとつ、天安河原。八百万の神さまたちがあつまって、会議をしていた場所なんだよ。

2 阿蘇山の大噴火でできた 高千穂峡

谷の両側が急ながけになっているところを峡谷というよ。高千穂峡は、火山の噴火によってできた峡谷。何万年も前におきた阿蘇山の大噴火によって流れだした溶岩が冷えかたまってできたんだって。熊本県の阿蘇山の噴火のえいきょうが宮崎県にまでとどくなんて、すごいね。ボートにのって、峡谷を下からみあげてかんさつすることもできるんだよ。高いところで100メートルもある峡谷は、せまりくるような大迫力！

3 宮崎の太陽が育てた「太陽のタマゴ」

左の写真にうつっているのは、宮崎県で生産がさかんなくだもの、マンゴー。ネットがかけられているのはなんでだろう。マンゴーは、完全に熟して木からしぜんとおちたときがいちばんあまくて、食べごろ。そのタイミングを逃さず収穫できるよう、宮崎県のマンゴーは、ネットに入れてさいばいされるんだよ。宮崎県産完熟マンゴーのなかでも最上級のブランド「太陽のタマゴ」は、日本中で大人気！

おもしろ情報

♪テンテコテン♪ 日向におよそ2000人のひょっとこあらわる!?

日向市の夏まつり、「日向ひょっとこ夏祭り」は、なんともゆかいなおまつり。♪テンテコテン♪というおはやしにあわせて、およそ2000人ものひょっとこがおどりながらまちをパレードするんだ。ひょっとこたちはみんな、頭にてぬぐい、あかいハッピにしろいふんどしのおそろいファッション。それぞれ表情のちがう「ひょっとこ面」にもご注目。みているひとたちはみんな、涙をながしておおわらい！

鹿児島県

鹿児島といえば

桜島

かごしまけん | 九州・沖縄地方

九州でいちばん面積のおおきい鹿児島県。シンボルは、鹿児島湾にうかぶ活火山の島、桜島だよ。農業がとてもさかんで、とくにさつまいもは生産量日本一。

鹿児島県の基本情報	
人口	約 164 万人
面積	約 9187 km²
県の花	ミヤマキリシマ
県の鳥	ルリカケス
県の木	カイコウズ・クスノキ
県庁所在地	鹿児島市
県章	

桜島大根 ❶

重さは 10 ～ 20 キロくらいで、おおきいことがとくちょう。大根の王さまと呼ばれているよ。

熊本県

甑島列島

霧島山

宮崎県

県庁所在地
鹿児島市

シラス台地

桜島 ❶

❷

さつまいも

お茶

鹿児島湾

薩摩半島

開聞岳

大隅半島

志布志湾

枕崎漁港

カツオ　　マグロ

奄美大島

徳之島

沖永良部島

与論島

大隅諸島

種子島

屋久島

種子島宇宙センター

特産品

さつまいも

生産量日本一。鹿児島名物いも焼酎の原料用にも、たくさん生産されているんだよ。

茶畑

鹿児島県は、日本でも有数のお茶どころ。鹿児島のお茶は、日本一早い新茶でもゆうめい。

西郷隆盛の銅像 ❷

いまでも「せごどん」（鹿児島弁で西郷さん）と呼ばれ、親しまれている人気もの、西郷隆盛の銅像。高さが8メートルもあるんだって。

鹿児島県のココがスゴイ！ ベスト3

1 生きる力があふれる 縄文杉にであう 屋久島

屋久島には、想像もつかないほどに長い時間、森で生きつづけてきた杉の木がたくさんある。推定樹齢2000年以上の「縄文杉」は、幹まわりが16メートル以上もある森の長老。縄文杉は、きみがよろこんだり、落ちこんだりしながら生きている今日も、屋久島の森の奥深くで、静かにたたずんでいる。2000年以上も前から、1日1日をつみかさねてきた縄文杉は、わきあがるような生きる力であふれているんだ。

2 日本でいちばんおおきい！ ロケット打ち上げしせつ

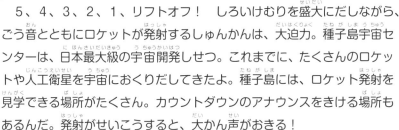

5、4、3、2、1、リフトオフ！　しろいけむりを盛大にだしながら、ごう音とともにロケットが発射するしゅんかんは、大迫力。種子島宇宙センターは、日本最大級の宇宙開発しせつ。これまでに、たくさんのロケットや人工衛星を宇宙におくりだしてきたよ。種子島には、ロケット発射を見学できる場所がたくさん。カウントダウンのアナウンスをきける場所もあるんだ。発射がせいこうすると、大かん声がおきる！

3 生きている火山 桜島

桜島は、いまも噴火をくりかえしている活火山。噴火が多いから、小学生はヘルメットをかぶって学校にかよっているよ。噴火がおきると火山灰がふりそそぐから、おそうじもたいへん。火山のふもとでくらしている桜島のひとたちには、いろんなくろうがあるんだね。でも、桜島には火山のめぐみだってちゃんとある。たとえば、桜島大根や、桜島小みかんは、水はけのよい火山灰の大地がうんだ島の特産品だよ。

おもしろ情報

顔は怖いけど優しいよ 仮面神　トシドン

甑島には、子どもたちにおそれられる「トシドン」という神さまがいる。こわいお面をつけていて、おおみそかの夜、子どものいる家にやってくるんだ。日ごろのおこないのわるいところを注意したり、うたをうたわせたりするよ。顔も口調もこわいトシドンだけど、さいごには、「来年はいい子にするように」といって、「年餅」というおもちをくれる。年餅を食べると、無事に年をこせるといわれているんだよ。

沖縄県

沖縄といえば
首里城

おきなわけん　｜　九州・沖縄地方

沖縄本島や宮古島、西表島など、160 もの島がある沖縄県。1年中あたたかい気候をいかして、マンゴーなどの南国フルーツのさいばいがさかん。

沖縄県の基本情報

人口	約143万人
面積	約2282 ㎢
県の花	デイゴ
県の鳥	ノグチゲラ
県の木	リュウキュウマツ
県庁所在地	那覇市

県章

エイサー

「イーヤーサーサー　アーイーヤー」のかけ声ではじまるエイサーは、太鼓を鳴らしながらおどる伝統芸能。大太鼓をかかえたわかものの、ダイナミックなうごきにご注目！

ゴーヤチャンプル

「チャンプル」は、「ごちゃまぜ」という意味なんだって。夏に食べたい沖縄の郷土料理。

伊平屋島

伊是名島

シーサー

方言で獅子（ライオン）のこと。屋根や門の上から魔ものをおいはらう、魔よけのシンボル。

伊江島

名護湾

パイナップル

🏛 琉球王国のグスク及び関連遺産群

渡嘉敷島

県庁所在地
那覇市

中城湾

さとうきび

マンゴー

カツオ

伊良部島

多良間島

宮古島

宮古列島

八重山列島

特産品

サトウキビ

方言で「ウージ」と呼ばれ、県内でたくさんさいばいされている作物のひとつだよ。

西表島

石垣島

与那国島

波照間島

144

沖縄県のココがスゴイ！ ベスト3

1 海のいきものの楽園 あおい海とサンゴ礁

あおくすき通った沖縄の海の底には、サンゴ礁がひろがっている。サンゴがつみかさなってできたサンゴ礁は、熱帯魚たちのかくれ家や、産卵場所になるから「海のゆりかご」とも呼ばれているんだよ。オレンジ、きいろ、あか、しろ…。サンゴ礁のそばでは、いろとりどりの熱帯魚たちがあそぶように泳いでいる。熱帯魚のほかにも、ゆうゆうと泳ぐウミガメなど、たくさんのいきものにあえるんだよ。

2 いまに伝わる 琉球王国のチャンプルー文化

沖縄の文化は「チャンプルー文化」と呼ばれているんだよ。豆ふやたまごなど、いろんな具材をまぜてつくる「チャンプルー」料理にちなんでいるんだ。およそ135年前まで、沖縄には、琉球王国という国があった。琉球王国はアジアの国々との交流がさかんで、いろんな国から文化をとり入れていたんだ。いまでも沖縄の音楽は、ロックやレゲエなど、いろんな種類の音楽と「チャンプルー」されているよ。

※写真は2015年1月以前のものです

3 貴重ないきものの宝庫 西表島

左の写真は、イリオモテヤマネコ。まるっこい耳のかたちと、目のまわりのしろい線がチャームポイントの、西表島にしか住んでいないヤマネコだよ。原始的なヤマネコだから「生きた化石」とも呼ばれているんだ。人間の手が入っていない林が面積の大部分をしめる西表島には、めずらしいいきものがたくさんいる。「セマルハコガメ」も、日本では西表島と石垣島でしかみられないめずらしいカメなんだよ。

おもしろ情報 沖縄のいち押し！子どもも飲める「ルートビア」

沖縄では、おとなも子どもも「ルートビア」が大すき。ビアって、ビールのことじゃないの？ 子どもも飲んでいいの？ ご心配なく。ルートビアはジュースなんだよ。日本では沖縄にしかおみせがない、「A&W」というアメリカうまれのハンバーガーショップのオリジナルジュースで、原材料はなんと、薬草。沖縄県民によると「なかなかクセになるあじ」なんだとか。ルートビアを飲めば、きみもたちまち沖縄ツウ!?

145

クイズ100本ノック

47都道府県についての楽しいクイズを100問集めたよ。全問正解したら、今日からきみも日本地理マスター!?

第1ステージ

ぼくの・わたしの都道府県のじまんを聞いて!

都道府県あてクイズ

15人のひとに、「自分が住んでいる都道府県のじまん」を聞いたよ。それぞれ、どこの都道府県をじまんしているかな。

1 冬になると、オホーツク海では流氷をみることができるんだ。オホーツク海ではサケやカニなど、おいしい魚介類もたくさんとれるよ。

こたえ ......

2 日本最大の干潟では、ムツゴロウがぴょんぴょんとびはねているよ。干潟でおこなわれる運動会「ガタ(潟)リンピック」も、毎年とっても楽しみにしているんだ。

こたえ ......

3 「ゲゲゲの鬼太郎」の作者・水木しげる先生のふるさとで、境港市の「水木しげるロード」には、妖怪のブロンズ像がならんでいるよ。「米子鬼太郎空港」という空港もあるんだ。

こたえ ......

4 お茶どころとしてゆうめいだよ。ものづくりもさかんで、浜松市では日本ではじめて国産ピアノがつくられたんだ。

こたえ ......

5 日本でも有数のこいのぼりの産地である加須市では、全長100メートルもある世界一おおきなジャンボこいのぼりがつくられているよ。

こたえ ......

6 浪速区にある、なにわのシンボル通天閣には「足の裏をなでるとご利益がある」といわれるビリケンさんという福の神さまがいるよ。

こたえ ......

7 ニシキゴイの養殖がさかんで、コイは地元のひとにもなじみの深い魚。コイは英語でカープといって、プロ野球球団のなまえにも使われているんだ。

こたえ

8 水戸市では、納豆の生産がさかん。大洗町には、展示しているサメの種類が日本一多い水族館もあるんだよ。

こたえ

9 夏におこなわれるエイサーまつりは活気にあふれていて、毎年すごく楽しみなんだ。パイナップルやマンゴーなど、南国のくだものの生産もさかんだよ。

こたえ

10 日本でいちばんおおきい湖、琵琶湖があるよ。琵琶湖のフナでつくるフナずしは、とってもおいしいんだ。

こたえ

11 ぼくが住んでいる都道府県のとくちょうを、かるたで楽しく覚えられる「上毛かるた」は、地元のひとにとても親しまれているよ。ちなみに、「に」の読み札は「日本で最初の富岡製糸」。

こたえ

12 温泉の源泉の数が日本一だよ。なかでも別府市は源泉の数、わき出る温泉の量ともに日本一で、まちのあちこちから湯煙がたちのぼっているよ。

こたえ

13 野田市と銚子市で、醤油の生産がさかんなんだ。とくに野田市は醤油の生産量日本一の醤油のまちで、まちには醤油の香りがただよっているよ。

こたえ

14 南相馬市でおこなわれる相馬野馬追は、すごくかっこいいおまつりなんだ。よろいかぶとを着こんだ騎馬武者たちが大活躍するんだよ。

こたえ

15 チューリップと、「キトキト(新鮮)」な魚がじまんだよ。となみチューリップフェアでは、300万本のチューリップをみることができるんだ。

こたえ

こんなの簡単？

選択式クイズ

選択肢のなかから、正しいこたえをえらぼう。

16 迫力ある灯籠人形が主役の、青森県の夏まつりといえば？
Ⓐ ねぶた祭　　Ⓑ あんどんまつり　　Ⓒ 釜石よいさ

こたえ　.................

17 松尾芭蕉も旅したといわれる、大小 260 余りの島からなる松島がある都道府県はどこ？
Ⓐ 宮崎県　　Ⓑ 宮城県　　Ⓒ 長崎県

こたえ　.................

18 県庁所在地のなまえがひらがなの都道府県はどこ？
Ⓐ 埼玉県　　Ⓑ 京都府　　Ⓒ 三重県

こたえ　.................

19 日本でいちばんつくられている、福井県うまれのコメのなまえは？
Ⓐ まいひかり　　Ⓑ コシヒカリ　　Ⓒ ヒノヒカリ

こたえ　.................

20 全国各地でおこなわれている、高知県発祥の夏まつりといえば？
Ⓐ 祇園祭　　Ⓑ よさこい祭り　　Ⓒ 火の国まつり

こたえ　.................

21 高校野球のおおきな大会がおこなわれる甲子園球場は、どこの都道府県にある？
Ⓐ 大阪府　　Ⓑ 兵庫県　　Ⓒ 奈良県

こたえ　.................

22 江戸幕府初代将軍、徳川家康をはじめ、たくさんの戦国武将のふるさとなのは、どこの都道府県？
Ⓐ 三重県　　Ⓑ 滋賀県　　Ⓒ 愛知県

こたえ　.................

23 日本最東端の島、南鳥島はどこの都道府県？
Ⓐ 神奈川県　　Ⓑ 沖縄県　　Ⓒ 東京都

こたえ　.................

24 山口県にある、宮本武蔵と佐々木小次郎が決闘をした島のなまえは？

Ⓐ 巌流島　　　Ⓑ 宮島　　　Ⓒ 佐渡島

こたえ

25 香川県名物のめん類といえば？

Ⓐ 讃岐うどん　　Ⓑ 伊勢うどん　　Ⓒ 加賀うどん

こたえ

26 東京都にある東京スカイツリーがあるあたりはむかし、武蔵の国というなまえだった。東京スカイツリーの高さは、その地名にちなんでいるよ。さて、東京スカイツリーの高さは何メートル？

Ⓐ 666 メートル　　Ⓑ 634 メートル　　Ⓒ 645 メートル

こたえ

27 夏目漱石の小説「坊ちゃん」にも登場する、日本最古の温泉のなまえは？

Ⓐ 道後温泉　　　Ⓑ 草津温泉　　　Ⓒ 別府温泉

こたえ

28 富士山は、2つの都道府県にまたがっているよ。そのうちの1つは静岡県。もう1つは、どこの都道府県？

Ⓐ 群馬県　　　Ⓑ 山梨県　　　Ⓒ 神奈川県

こたえ

29 ギネスブックに「世界一おおきな大根」として記録されている、鹿児島県産の大根といえば？

Ⓐ 練馬大根　　　Ⓑ 三浦大根　　　Ⓒ 桜島大根

こたえ

30 鹿児島県にある、日本最大級のロケット打ち上げしせつといえば？

Ⓐ 淡路島宇宙センター　Ⓑ 種子島宇宙センター　Ⓒ 奄美大島宇宙センター

こたえ

31 島根県にある日本で5ばんめにおおきい湖、中海の特産品といえば？

Ⓐ しじみ　　　Ⓑ かたつむり　　　Ⓒ あわび

こたえ

32 和歌山県の熊野三山（熊野本宮、熊野速玉大社、熊野那智大社）ののぼり（旗のようなもの）には、ある伝説の動物がかかれているよ。日本サッカー協会のシンボルにもなっているその動物のなまえは？

Ⓐ きりん　　　Ⓑ やたがらす　　　Ⓒ うしおに

こたえ
....

33 秋田県にある、湖をうめたててつくった村のなまえは？

Ⓐ 大潟村　　　Ⓑ 川上村　　　Ⓒ 馬路村

こたえ
....

34 「海の宝石」と呼ばれる、静岡県の駿河湾でしかとれないエビのなまえは？

Ⓐ サクラエビ　　　Ⓑ シロエビ　　　Ⓒ イセエビ

こたえ
....

35 山形県にある、日本一の将棋の駒の産地で、春には「人間将棋」がおこなわれているのは？

Ⓐ 藤沢市　　　Ⓑ 行橋市　　　Ⓒ 天童市

こたえ
....

36 岡山県にある後楽園で、お正月に放たれる鳥のなまえは？

Ⓐ タンチョウヅル　　　Ⓑ アネハヅル　　　Ⓒ クロヅル

こたえ
....

37 富士山のわき水などを使ってつくる、静岡県のやきそばといえば？

Ⓐ 富士宮やきそば　　　Ⓑ 横手やきそば　　　Ⓒ 太田焼そば

こたえ
....

38 お正月に、岩手県でよく食べられているお雑煮といえば？

Ⓐ くるみだれ雑煮　　　Ⓑ あんもち雑煮　　　Ⓒ あずき雑煮

こたえ
....

39 江戸時代、初代仙台藩主となった、宮城県になじみの深い戦国大名のなまえは？

Ⓐ 上杉謙信　　　Ⓑ 武田信玄　　　Ⓒ 伊達政宗

こたえ
....

40 高知県の名物のひとつで、全国的にとてもめずらしい魚といえば？

Ⓐ どろめ・のれそれ　　　Ⓑ するめ・なにそれ　　　Ⓒ ぬるめ・どこそれ

こたえ
....

41 秋から冬にかけての早朝、霧につつまれたすがたが印象的で、「天空の城」と呼ばれている兵庫県朝来市にある城跡といえば？

Ⓐ 二条城　　　Ⓑ 江戸城　　　Ⓒ 竹田城

[こたえ ....]

42 すりつぶしたごはんを、秋田杉の棒にまきつけてつくる秋田県の郷土料理といえば？

Ⓐ きりたんぽ　　　Ⓑ しもつかれ　　　Ⓒ ほうとう

[こたえ ....]

43 岐阜県で生産されている焼き物といえば？

Ⓐ 信楽焼　　　Ⓑ 美濃焼　　　Ⓒ 有田焼

[こたえ ....]

44 「招き猫のふるさと」としてゆうめいな愛知県常滑市には、巨大な招き猫がいるよ。その招き猫のなまえは？

Ⓐ とこにゃん　　　Ⓑ ひこにゃん　　　Ⓒ なめにゃん

[こたえ ....]

45 九州地方にひろがっている、火山灰が降りつもってできた水はけのよい台地といえば？

Ⓐ シラス台地　　　Ⓑ 根釧台地　　　Ⓒ 下総台地

[こたえ ....]

第3ステージ　むむっ、ちょっと難しい？　○×クイズ

都道府県 ○×クイズ

つぎの文章は正しいかな？　○×でこたえてね。

46 日本でいちばん南の島は、沖縄県にある。[こたえ]

47 栃木県には、「おもちゃのまち」という地名がある。[こたえ]

48 日本には、海のない都道府県が8つある。[こたえ]

49 魚沼産コシヒカリがゆうめいな日本有数のコメどころといえば、北海道である。[こたえ　　]

50 沖縄県では、「ちゅらひかり」という品種のコメがさいばいされている。[こたえ　　]

51 熊本県は、水道水のほとんどが地下水で「水の国」と呼ばれている。[こたえ　　]

52 山形花笠まつりでおどり子が持っている花笠につけられているのは、紙でつくったベニバナの飾り。[こたえ　　]

53 めがねフレームの生産量日本一のまち、福井県鯖江市には、めがねにちなんだギネス記録がある。[こたえ　　]

54 世界最古の木造建造物は、奈良県にある法隆寺。[こたえ　　]

55 九州地方には、鹿児島県の桜島や熊本県の阿蘇山以外にもたくさんの活火山がある。[こたえ　　]

56 鳥取県の特産品、二十世紀なしはもともと、千葉県でうまれた品種である。[こたえ　　]

57 西陣織は、京都府の伝統工芸品である。[こたえ　　]

58 広島県では、ハート型のレモンがさいばいされている。[こたえ　　]

59 鹿児島県出身の男のひとのことを、薩摩隼人という。[こたえ　　]

60 茨城県の日立市と常陸太田市には、5億1100万年前の地層がある。[こたえ　　]

61 佐賀県の有田町では、陶器で硬貨（おかね）がつくられていたことがある。[こたえ　　]

62 長野県にある野辺山宇宙電波観測所は、ブラックホールが存在することをしょうめいした。[こたえ　　]

63 栃木県は、イチゴの収穫量が50年以上連続で日本一多い。 [こたえ]

64 三重県は、海女さんの数が日本一多い。 [こたえ]

65 山形県の県知事は、サクランボのかぶりものをかぶって山形県の魅力をアピールしたことがある。 [こたえ]

66 日本でいちばん面積がちいさいのは、沖縄県である。 [こたえ]

67 日本でいちばん人口が少ないのは、鳥取県である。 [こたえ]

68 山梨県では、宝飾品（宝石を使ったアクセサリーなど）の生産がさかん。 [こたえ]

69 徳島県には、「おおぼけ」と「こぼけ」という地名がある。 [こたえ]

70 和歌山県は、うめの生産量日本一。 [こたえ]

第4ステージ

難しいけど、やりがい満点！

あなうめクイズ

（　　　　　　　）のなかにあてはまる言葉をいれてみよう。

71 群馬県の高崎市は、縁起のよいおきもの、（　　　　　　　）の日本有数の産地。

72 岩手県では、ぎざぎざした形の（　　　　　　　）海岸で、コンブなどの養殖がさかん。

73 （　　　　　　　）県は落花生の生産量が日本一。

74 戦国武将、武田信玄ゆかりの都道府県で、甲府盆地でモモやブドウをたくさん生産しているのは（　　　　　　）。

75 沖縄県にある世界遺産で、琉球王国のお城を復元したたてものといえば（　　　　　　）。

76 面積が日本一おおきい都道府県は（　　　　　　）。

77 金閣寺や銀閣寺があり、1000年以上都がおかれていた都道府県は（　　　　　　）。

78 3000メートル級の高い山がならんでいて、高地のすずしい気候をいかしてレタスなどの野菜のさいばいがさかんな都道府県は（　　　　　　）。

79 日本最大の前方後円墳、仁徳天皇陵古墳がある都道府県は（　　　　　　）。

80 日本でいちばん高い山は（　　　　　　）。

81 広島県の厳島にある、世界遺産にも登録されている神社は（　　　　　　）。

82 加賀百万石の城下町として栄えた金沢市がある都道府県は（　　　　　　）。

83 （　　　　　　）県にあるミキモト真珠島は、世界ではじめて真珠の養殖にせいこうした場所。

84 中国地方と四国地方のあいだにある海のなまえは、（　　　　　　）。

85 奈良県の奈良公園にいる動物といえば（　　　　　　）。

86 「鯛」や「飛龍」など、ごうかな曳山がたくさん登場する秋まつり、唐津くんちがおこなわれる都道府県は、（　　　　　　）。

87 熊本県が生産量日本一をほこる（　　　　　　）は、畳の材料。

88 野球が大好きだった俳人・歌人、正岡子規のふるさとは（　　　　　　）県。

89 兵庫県にある国際貿易港といえば（　　　　　　）。

90 新潟県の佐渡で飼育されている国の特別天然記念物の鳥のなまえは（　　　　　　）。

91 群馬県にある（　　　　　　）は、日本でいちばん古い機械式製糸工場。

92 沖縄県の（　　　　　　）には、「生きた化石」と呼ばれるイリオモテヤマネコがいる。

93 （　　　　　　）県の下関市にある下関漁港は、ふぐの取扱い量日本一。

94 （　　　　　　）県では、ズワイガニのことを越前がにという。

95 ギネスブックに認定された「和太鼓の同時演奏記録」世界一の記録がある、盛岡さんさ踊りという夏まつりがおこなわれる都道府県は、（　　　　　　）。

96 降水量1ミリ未満の日がとっても多い（　　　　　　）県は、「晴れの国」としてゆうめい。

97 旧暦の10月に日本中から神さまがあつまり、ひとの「縁」についての会議をする神社は、島根県にある（　　　　　　）。

98 徳島県が生産量日本一をほこるかんきつ類といえば（　　　　　　）。

99 海に面していない、内陸部にある都道府県で、8つの都道府県ととなり合っているのは（　　　　　　）。

100 「神話のふるさと日向の国」といえば、（　　　　　　）県。

クイズのこたえは169ページから！

都道府県 シルエットカード

いろいろな使い方ができる！

47都道府県のシルエットと都道府県庁所在地

準備 シルエットカードを、キリトリセンにそって切ってね。

1 シルエットをみて、その都道府県がどこの都道府県かを考えてみよう。

2 カードの裏をみて、こたえ合わせをしよう。カードの裏には、都道府県のなまえのほかに、都道府県庁所在地も書いてあるよ。慣れてきたら、都道府県のなまえだけじゃなく、都道府県庁所在地も考えてみてね。

3 47都道府県のシルエットを覚えたら、シルエットの面を表にしてカードをならべてね。おうちのひとに都道府県（都道府県庁所在地）のなまえをいってもらい、その都道府県のカードを探そう。

さらにレベルアップ！

グループに分けよう **47都道府県で仲間さがし**

シルエットの面を表にしてカードをならべ、47都道府県をグループに分けてみよう。

たとえばこんなグループ分け
- 東北地方や、関東地方など、地方ごとにグループ分け
- 海に面している都道府県と海に面していない都道府県にグループ分け

シルエットで選べ！ **ランキング選手権**

① シルエットの面を表にしてカードをならべてね。
② 165ページからの『47都道府県ランキング』を参考に、おうちのひとやおともだちに問題をだしてもらい、その都道府県のカードを探そう。

たとえばこんなランキング
- 「日本でいちばんおおきい（ちいさい）都道府県は？」
- 「日本でいちばんコメの収穫量の多い都道府県は？」

156

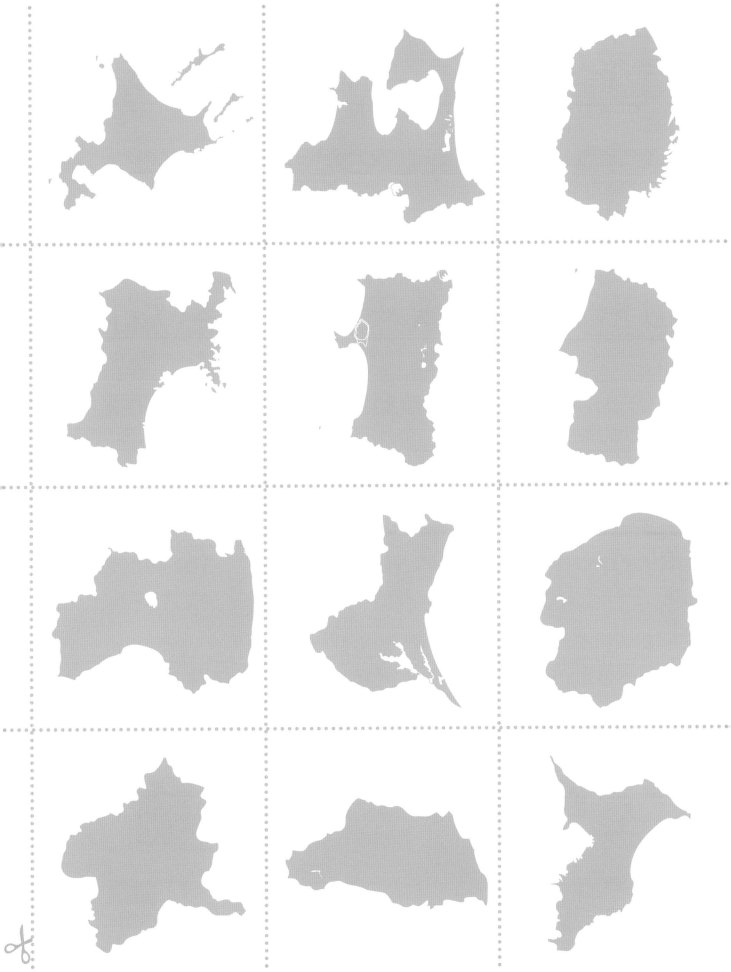

岩手県
いわてけん
★ 東北地方 ★
とうほくちほう

県庁所在地
けんちょうしょざいち
盛岡市
もりおかし

青森県
あおもりけん
★ 東北地方 ★
とうほくちほう

県庁所在地
けんちょうしょざいち
青森市
あおもりし

北海道
ほっかいどう
★ 北海道地方 ★
ほっかいどうちほう

道庁所在地
どうちょうしょざいち
札幌市
さっぽろし

山形県
やまがたけん
★ 東北地方 ★
とうほくちほう

県庁所在地
けんちょうしょざいち
山形市
やまがたし

秋田県
あきたけん
★ 東北地方 ★
とうほくちほう

県庁所在地
けんちょうしょざいち
秋田市
あきたし

宮城県
みやぎけん
★ 東北地方 ★
とうほくちほう

県庁所在地
けんちょうしょざいち
仙台市
せんだいし

栃木県
とちぎけん
★ 関東地方 ★
かんとうちほう

県庁所在地
けんちょうしょざいち
宇都宮市
うつのみやし

茨城県
いばらきけん
★ 関東地方 ★
かんとうちほう

県庁所在地
けんちょうしょざいち
水戸市
みとし

福島県
ふくしまけん
★ 東北地方 ★
とうほくちほう

県庁所在地
けんちょうしょざいち
福島市
ふくしまし

千葉県
ちばけん
★ 関東地方 ★
かんとうちほう

県庁所在地
けんちょうしょざいち
千葉市
ちばし

埼玉県
さいたまけん
★ 関東地方 ★
かんとうちほう

県庁所在地
けんちょうしょざいち
さいたま市
し

群馬県
ぐんまけん
★ 関東地方 ★
かんとうちほう

県庁所在地
けんちょうしょざいち
前橋市
まえばしし

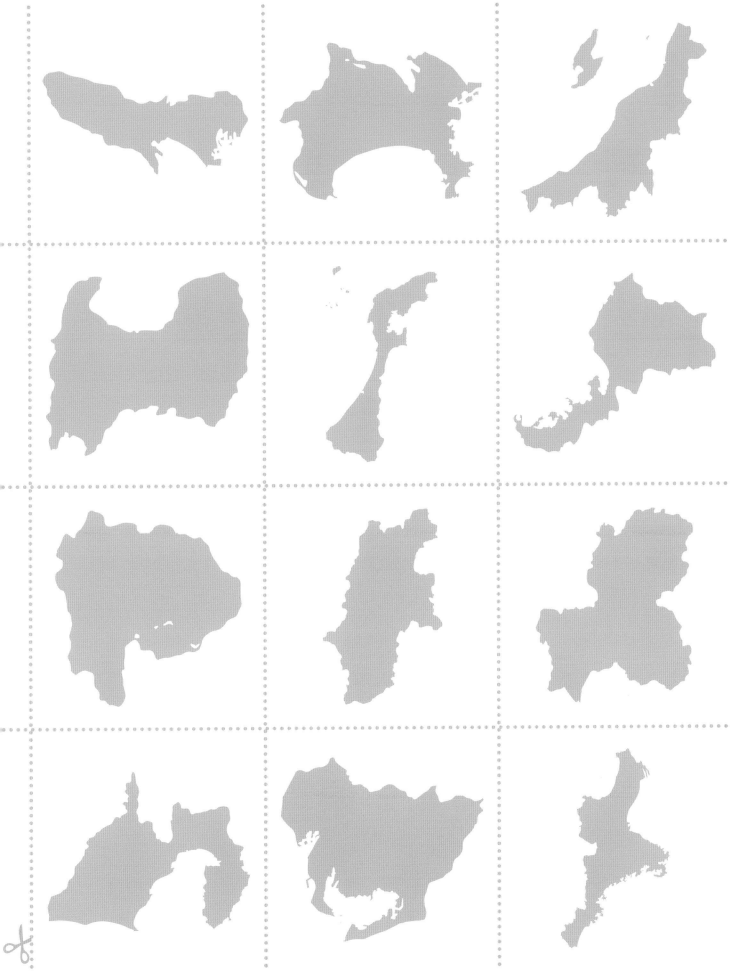

新潟県
にいがたけん
★ 中部地方 ★

県庁所在地
新潟市

神奈川県
かながわけん
★ 関東地方 ★

県庁所在地
横浜市

東京都
とうきょうと
★ 関東地方 ★

都庁所在地
新宿区

福井県
ふくいけん
★ 中部地方 ★

県庁所在地
福井市

石川県
いしかわけん
★ 中部地方 ★

県庁所在地
金沢市

富山県
とやまけん
★ 中部地方 ★

県庁所在地
富山市

岐阜県
ぎふけん
★ 中部地方 ★

県庁所在地
岐阜市

長野県
ながのけん
★ 中部地方 ★

県庁所在地
長野市

山梨県
やまなしけん
★ 中部地方 ★

県庁所在地
甲府市

三重県
みえけん
★ 近畿地方 ★

県庁所在地
津市

愛知県
あいちけん
★ 中部地方 ★

県庁所在地
名古屋市

静岡県
しずおかけん
★ 中部地方 ★

県庁所在地
静岡市

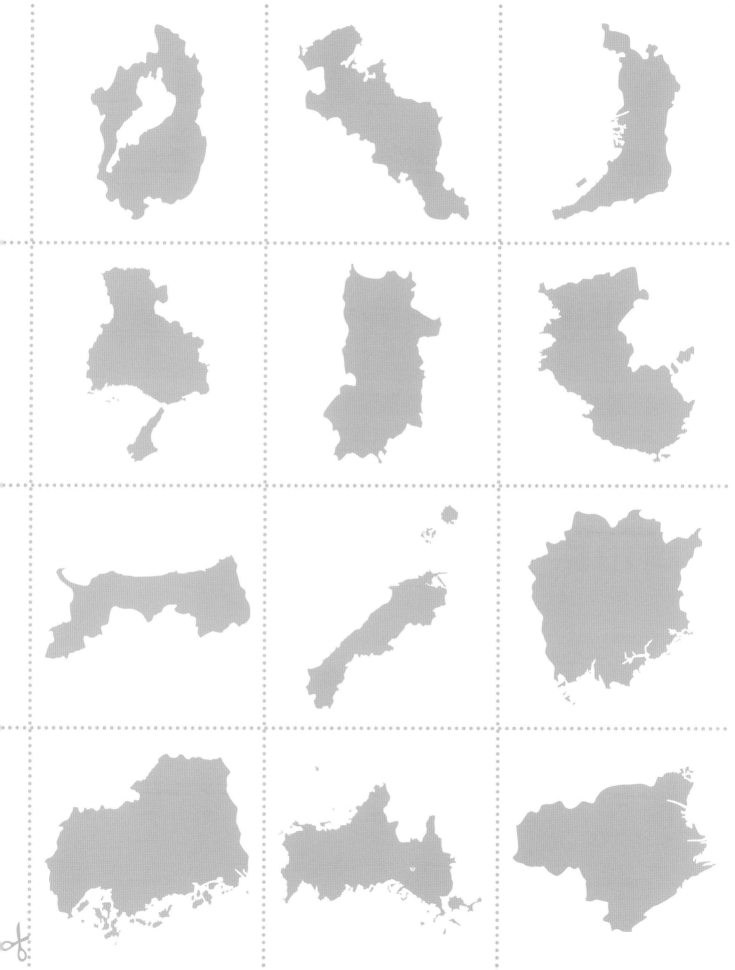

大阪府
おおさかふ
★ 近畿地方 ★
きんきちほう

府庁所在地
ちょうしょざいち
大阪市
おおさかし

京都府
きょうとふ
★ 近畿地方 ★
きんきちほう

府庁所在地
ちょうしょざいち
京都市
きょうとし

滋賀県
しがけん
★ 近畿地方 ★
きんきちほう

県庁所在地
けんちょうしょざいち
大津市
おおつし

和歌山県
わかやまけん
★ 近畿地方 ★
きんきちほう

県庁所在地
けんちょうしょざいち
和歌山市
わかやまし

奈良県
ならけん
★ 近畿地方 ★
きんきちほう

県庁所在地
けんちょうしょざいち
奈良市
ならし

兵庫県
ひょうごけん
★ 近畿地方 ★
きんきちほう

県庁所在地
けんちょうしょざいち
神戸市
こうべし

岡山県
おかやまけん
★ 中国地方 ★
ちゅうごくちほう

県庁所在地
けんちょうしょざいち
岡山市
おかやまし

島根県
しまねけん
★ 中国地方 ★
ちゅうごくちほう

県庁所在地
けんちょうしょざいち
松江市
まつえし

鳥取県
とっとりけん
★ 中国地方 ★
ちゅうごくちほう

県庁所在地
けんちょうしょざいち
鳥取市
とっとりし

徳島県
とくしまけん
★ 四国地方 ★
しこくちほう

県庁所在地
けんちょうしょざいち
徳島市
とくしまし

山口県
やまぐちけん
★ 中国地方 ★
ちゅうごくちほう

県庁所在地
けんちょうしょざいち
山口市
やまぐちし

広島県
ひろしまけん
★ 中国地方 ★
ちゅうごくちほう

県庁所在地
けんちょうしょざいち
広島市
ひろしまし

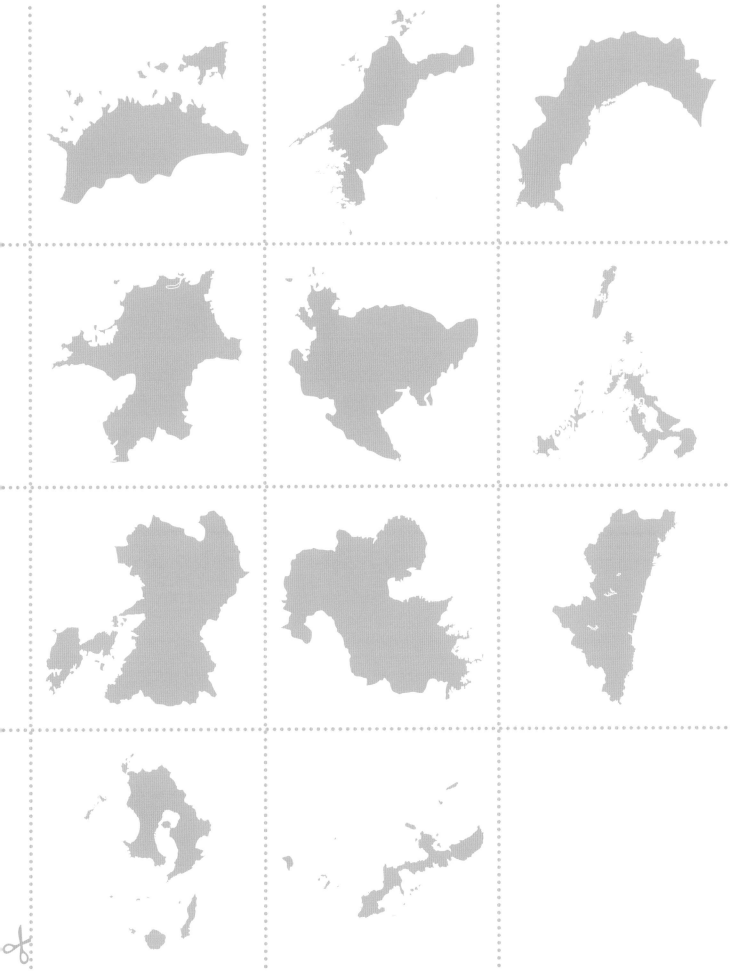

高知県
★ 四国地方 ★

県庁所在地
高知市

愛媛県
★ 四国地方 ★

県庁所在地
松山市

香川県
★ 四国地方 ★

県庁所在地
高松市

長崎県
★ 九州・沖縄地方 ★

県庁所在地
長崎市

佐賀県
★ 九州・沖縄地方 ★

県庁所在地
佐賀市

福岡県
★ 九州・沖縄地方 ★

県庁所在地
福岡市

宮崎県
★ 九州・沖縄地方 ★

県庁所在地
宮崎市

大分県
★ 九州・沖縄地方 ★

県庁所在地
大分市

熊本県
★ 九州・沖縄地方 ★

県庁所在地
熊本市

沖縄県
★ 九州・沖縄地方 ★

県庁所在地
那覇市

鹿児島県
★ 九州・沖縄地方 ★

県庁所在地
鹿児島市

47都道府県ランキング

ランキングを活用して、シルエットカードのあそび方をひろげよう！

① 面積

順位	都道府県	面積（平方キロ）
👑 1 👑	北海道	約 8 万 3424
2	岩手県	約 1 万 5275
3	福島県	約 1 万 3783
4	長野県	約 1 万 3561
5	新潟県	約 1 万 2584
6	秋田県	約 1 万 1637
7	岐阜県	約 1 万 621
8	青森県	約 9645
9	山形県	約 9323
10	鹿児島県	約 9187
11	広島県	約 8479
12	兵庫県	約 8401
13	静岡県	約 7777
14	宮崎県	約 7735
15	熊本県	約 7409
16	宮城県	約 7282
17	岡山県	約 7114
18	高知県	約 7103
19	島根県	約 6707
20	栃木県	約 6408

順位	都道府県	面積(平方キロ)	順位	都道府県	面積(平方キロ)
21	群馬県	約 6362	35	石川県	約 4186
22	大分県	約 6340	36	徳島県	約 4146
23	山口県	約 6112	37	長崎県	約 4130
24	茨城県	約 6097	38	滋賀県	約 4017
25	三重県	約 5774	39	埼玉県	約 3797
26	愛媛県	約 5676	40	奈良県	約 3690
27	愛知県	約 5173	41	鳥取県	約 3507
28	千葉県	約 5157	42	佐賀県	約 2440
29	福岡県	約 4986	43	神奈川県	約 2416
30	和歌山県	約 4724	44	沖縄県	約 2282
31	京都府	約 4612	45	東京都	約 2194
32	山梨県	約 4465	46	大阪府	約 1905
33	富山県	約 4247	47	香川県	約 1876
34	福井県	約 4190			

出典：国土交通省国土地理院　令和２年　全国都道府県市区町村別面積調（7月1日時点）

② 人口

順位	都道府県	人口（人）
👑 1 👑	東京都	約 1351 万
2	神奈川県	約 912 万 6000
3	大阪府	約 883 万 9000
4	愛知県	約 748 万 3000
5	埼玉県	約 726 万 7000
6	千葉県	約 622 万 3000
7	兵庫県	約 553 万 5000
8	北海道	約 538 万 2000
9	福岡県	約 510 万 2000
10	静岡県	約 370 万
11	茨城県	約 291 万 7000
12	広島県	約 284 万 4000
13	京都府	約 261 万
14	宮城県	約 233 万 4000
15	新潟県	約 230 万 4000
16	長野県	約 209 万 9000
17	岐阜県	約 203 万 2000
18	栃木県	約 197 万 4000
19	群馬県	約 197 万 3000
20	岡山県	約 192 万 2000

順位	都道府県	人口（人）	順位	都道府県	人口（人）
21	福島県	約 191 万 4000	35	山形県	約 112 万 4000
22	三重県	約 181 万 6000	36	宮崎県	約 110 万 4000
23	熊本県	約 178 万 6000	37	富山県	約 106 万 6000
24	鹿児島県	約 164 万 8000	38	秋田県	約 102 万 3000
25	沖縄県	約 143 万 4000	39	香川県	約 97 万 6000
26	滋賀県	約 141 万 3000	40	和歌山県	約 96 万 4000
27	山口県	約 140 万 5000	41	山梨県	約 83 万 5000
28	愛媛県	約 138 万 5000	42	佐賀県	約 83 万 3000
29	長崎県	約 137 万 7000	43	福井県	約 78 万 7000
30	奈良県	約 136 万 4000	44	徳島県	約 75 万 6000
31	青森県	約 130 万 8000	45	高知県	約 72 万 8000
32	岩手県	約 128 万	46	島根県	約 69 万 4000
33	大分県	約 116 万 6000	47	鳥取県	約 57 万 3000
34	石川県	約 115 万 4000			

出典：総務省統計局　日本の統計 2020

❸ 漁獲量

順位	都道府県	漁獲量（トン）
👑 1 👑	北海道	約 87 万 6625
2	長崎県	約 29 万 591
3	茨城県	約 25 万 9031
4	静岡県	約 19 万 5346
5	宮城県	約 18 万 4738
6	千葉県	約 13 万 2726
7	三重県	約 13 万 1881
8	島根県	約 11 万 3094
9	宮崎県	約 10 万 3281
10	青森県	約 9 万 344

出典：農林水産省 平成 30 年漁業・養殖業生産統計

❹ 農業産出額

順位	都道府県	農業産出額（円）
👑 1 👑	北海道	約 1 兆 2593 億
2	鹿児島県	約 4863 億
3	茨城県	約 4508 億
4	千葉県	約 4259 億
5	宮崎県	約 3429 億
6	熊本県	約 3406 億
7	青森県	約 3222 億
8	愛知県	約 3115 億
9	栃木県	約 2871 億
10	岩手県	約 2727 億

出典：農林水産省 平成 30 年生産農業所得統計

❺ コメの収穫量

順位	都道府県	収穫量（トン）
👑 1 👑	新潟県	約 64 万 6100
2	北海道	約 58 万 8100
3	秋田県	約 52 万 6800
4	山形県	約 40 万 4400
5	宮城県	約 37 万 6900
6	福島県	約 36 万 8500
7	茨城県	約 34 万 4200
8	栃木県	約 31 万 1400
9	千葉県	約 28 万 9000
10	青森県	約 28 万 2200

出典：農林水産省 令和元年産作物統計（普通作物・飼料作物・工芸農作物）

❻ 乳牛の飼育頭数

順位	都道府県	飼育頭数（頭）
👑 1 👑	北海道	約 80 万 1000
2	栃木県	約 5 万 1900
3	熊本県	約 4 万 3700
4	岩手県	約 4 万 2000
5	群馬県	約 3 万 4000
6	千葉県	約 2 万 9400
7	茨城県	約 2 万 4500
8	愛知県	約 2 万 3000
9	宮城県	約 1 万 8500
10	岡山県	約 1 万 5800

出典：農林水産省 平成 31 年畜産統計

⑦ 製造品出荷額

順位	都道府県	製造品出荷額（円）
1	愛知県	約 44 兆 9090 億
2	神奈川県	約 16 兆 2881 億
3	静岡県	約 16 兆 1321 億
4	大阪府	約 15 兆 8196 億
5	兵庫県	約 15 兆 1053 億
6	埼玉県	約 12 兆 6828 億
7	千葉県	約 11 兆 4019 億
8	茨城県	約 11 兆 2087 億
9	広島県	約 9 兆 9414 億
10	三重県	約 9 兆 8954 億

出典：経済産業省　平成30年工業統計調査

⑧ 県内総生産

順位	都道府県	県内総生産（円）
1	東京都	約 103 兆 7524 億
2	大阪府	約 38 兆 209 億
3	愛知県	約 37 兆 4841 億
4	神奈川県	約 33 兆 6785 億
5	埼玉県	約 22 兆 993 億
6	兵庫県	約 20 兆 3000 億
7	千葉県	約 19 兆 5391 億
8	福岡県	約 18 兆 4133 億
9	北海道	約 18 兆 2399 億
10	静岡県	約 16 兆 4217 億

出典：内閣府　県民経済計算　平成28年度

おまけのランキング

くらべてみよう　日本の山・川・湖

山の高さ

順位	山のなまえ	高さ（メートル）	都道府県
1	富士山	3776	山梨県・静岡県
2	北岳	3193	山梨県
3	奥穂高岳	3190	長野県・岐阜県
3	間ノ岳	3190	山梨県・静岡県
5	槍ヶ岳	3180	長野県

川の長さ

順位	川のなまえ	長さ（キロ）	都道府県
1	信濃川	367	新潟県・長野県
2	利根川	322	千葉県・茨城県・埼玉県など
3	石狩川	268	北海道
4	天塩川	256	北海道
5	北上川	249	宮城県・岩手県

湖のおおきさ

順位	湖のなまえ	面積（平方キロ）	都道府県
1	琵琶湖	669	滋賀県
2	霞ヶ浦	168	茨城県
3	サロマ湖	151	北海道
4	猪苗代湖	103	福島県
5	中海	85	島根県・鳥取県

ちょうせん！ 地図記号クイズ こたえ

 クイズ 1

ア **高等学校**

> **ワンポイント解説**
>
> 小中学校の記号と区別できるように、文という文字をまるで囲んでいるよ。

イ **寺院**

ウ **温泉**

エ **博物館**

> **ワンポイント解説**
>
> 博物館や美術館などのたてものの形をイメージしてつくられたよ。

ウ い

> **ワンポイント解説**
>
> ⓐは、記念碑の地図記号。記念碑は、なにかに貢献したひとや、歴史的なものごとなどを記念してたてられる石などのことだよ。

エ あ

> **ワンポイント解説**
>
> 灯台の地図記号は、灯台をうえからみたところ。ⓘは、工場の地図記号。工場で使われる、歯車をデザインしているよ。

クイズ 2

ア い

> **ワンポイント解説**
>
> ⓐは、広葉樹林の地図記号だよ。

イ あ

> **ワンポイント解説**
>
> ⓘは、税務署の記号。税務署はおかねを計算するところだから、そろばんの玉をデザインしているんだよ。

クイズ 3

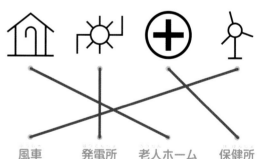

風車　　発電所　　老人ホーム　　保健所

> **ワンポイント解説**
>
> 環境にやさしい風力発電用の風車や、老人ホームの地図記号は、2006年につくられた新しい地図記号。全国の小中学生からデザインを募集してつくられたんだよ。

第1ステージ

■1 [北海道]

■2 [佐賀県]

■3 [鳥取県]

■4 [静岡県]

■5 [埼玉県]

■6 [大阪府]

ワンポイント解説
現在のビリケンさんは、2012年につくられた3代目だよ。

■7 [広島県]

■8 [茨城県]

ワンポイント解説
アクアワールド茨城県大洗水族館には、54種のサメが展示されているよ。
（2020年10月現在）

■9 [沖縄県]

■10 [滋賀県]

■11 [群馬県]

■12 [大分県]

■13 [千葉県]

■14 [福島県]

■15 [富山県]

第2ステージ

■16 [A]

■17 [B]

■18 [A]

■19 [B]

ワンポイント解説
Cのヒノヒカリは、おもに西日本でさいばいされている品種だよ。

■20 [B]

■21 [B]

■22 [C]

169

23 [C]

24 [A]

25 [A]

26 [B]

27 [A]

28 [B]

29 [C]

30 [B]

31 [A]

32 [B]

33 [A]

34 [A]

35 [C]

36 [A]

37 [A]

38 [A]

39 [C]

40 [A]

41 [C]

42 [A]

43 [B]

44 [A]

45 [A]

第3ステージ

46 [×]

ワンポイント解説
日本でいちばん南にある島は、沖ノ鳥島。東京都の島だよ。

47 [○]

48 [○]

ワンポイント解説
内陸にあるのは、栃木県、群馬県、埼玉県、山梨県、長野県、岐阜県、滋賀県、奈良県の8県。

49 [×]

ワンポイント解説
魚沼産コシヒカリといえば、新潟県。

50 [○]

51 [○]

52 [○]

ワンポイント解説
山形県は、江戸時代から続くベニバナの一大産地。ベニバナは、山形県の県の花にも指定されているんだ。

53 [○]

ワンポイント解説
2011年、1万6530個のめがねをくさり状につなぎ、ギネスブックに登録されたよ。つないだめがねは、1万6530個ぜんぶで長さ2011メートルにもなったんだって。

54 [○]

55 [○]

ワンポイント解説
大分県の由布岳や鹿児島県の開聞岳など、九州地方には17の活火山があるよ。

56 [○]

ワンポイント解説

二十世紀なしは、千葉県松戸市の松戸覚之助というひとが、ごみ捨て場で発見した苗を育てたことがきっかけでうまれた品種だよ。

57 [○]

58 [○]

59 [○]

ワンポイント解説

鹿児島県出身の男のひとのことを「薩摩隼人」、女のひとのことを「薩摩おごじょ」というよ。

60 [○]

61 [○]

ワンポイント解説

1945年ごろ、陶器のおかねがつくられていたんだって。一般に出回ることはなかったから「幻の陶貨」といわれているよ。

62 [○]

63 [○]

64 [○]

ワンポイント解説

相差町が「海女のまち」としてゆうめいだよ。

65 [○]

66 [×]

ワンポイント解説

日本でいちばん面積がちいさいのは、香川県。面積は1876㎢。

67 [○]

68 [○]

69 [○]

ワンポイント解説

「大歩危」「小歩危」と書くよ。およそ8キロにもわたるうつくしい渓谷なんだ。

70 [○]

┃第4ステージ

71 [だるま]

72 [リアス]

73 [千葉]

172

74 [山梨県]

75 [首里城]

76 [北海道]

77 [京都府]

78 [長野県]

79 [大阪府]

80 [富士山]

81 [厳島神社]

82 [石川県]

83 [三重]

84 [瀬戸内海]

85 [鹿]

86 [佐賀県]

87 [イ草]

88 [愛媛県]

89 [神戸港]

90 [トキ]

91 [富岡製糸場]

92 [西表島]

93 [山口]

94 [福井]

ワンポイント解説

ズワイガニは、水揚げされた地域によっていろんな呼び方をされているよ。鳥取県などでは、「松葉ガニ」と呼ばれている。

95 [岩手県]

ワンポイント解説

2014年の6月29日、3437人での和太鼓同時演奏という世界記録を達成したよ。

96 [岡山]

97 [出雲大社]

98 [すだち]

99 [長野県]

100 [宮崎]

おわりに

　この本のなかに、きみが「スゴイ！」と思えるところはあったかな。

　「都道府県のことを知るのって楽しい」と思ってもらえたかな。

　きみがひとつでも「スゴイ！」と思えることがあったら、地図帳を開いてみてほしい。

　きみの心を動かしたものがどこにあるのかを、正確な地図で確かめてみる。

　そうすれば、ただ単に暗記するよりも、都道府県の位置や地名がすっと頭に入るはずだよ。

　ぼくも、「スゴイ！」と思うものがあると、すぐに地図帳を開いているんだ。

　ぼくの趣味は音楽。クラシックからジャズ、ロックまでなんでも聴く。

　外国の音楽も、よく聴いているよ。

　「お、これはいいな、好きだな」と思う曲を発見したら、その曲が表現している物語の舞台
となっている場所や、作曲者の出身地や活動している場所などを調べてみる。

　そして地図帳片手に「ふむふむ、この曲の舞台はアメリカのオハイオ州か」なんて、確認する。

　そうこうしているうちに、ぼくの頭のなかには「音楽世界地図」ができあがりつつある。

　地図帳を、地理の時間だけに使うなんて、もったいない。

　きみが興味を持つこと、なんでも地図帳で位置を確認してみて。

　本が好きなら、いままで読んだ本の舞台になった場所を確認してみたり、
野球が好きなら、プロ野球球団の本拠地や、ひいきのチームの選手の出身地なんかを調べて
みるのもいいかもね。

　地理を面白くするヒントは、きみの生活のあちこちに転がっています。

　この本が、きみが地理を好きになる「ヒント」になれたらうれしいです。

2020 年 9 月

日本女子大学人間社会学部教育学科教授

田部　俊充

写真提供・協力

札幌市／網走市観光課／北海道庁農政部農政課／東北六魂祭実行委員会／青森県／青森県三沢市／岩手県観光協会／平泉観光協会／小岩井農牧株式会社／宮城県観光課／一般社団法人リアス観光創造プラットホーム／秋田県観光文化スポーツ部観光振興課／山形県観光物産協会／福島県観光物産交流協会／東武鉄道株式会社／茨城県／茨城県北ジオパーク事務局／大和ハウス工業株式会社／栃木県／日光フォトコンテスト実行委員会事務局／群馬県庁観光物産課／秩父鉄道株式会社／埼玉県秩父市／公益社団法人 小江戸川越観光協会／埼玉県深谷市産業振興部農業振興課／埼玉県加須市／埼玉県熊谷市／株式会社イワコー／千葉県観光物産協会／千葉県市原市教育委員会／（公財）東京観光財団／参議院／神奈川県観光協会／横須賀市商業観光課／鶴岡八幡宮／小田原市観光協会／鎌倉市観光協会／白神山地ビジターセンター／群馬県富岡市・富岡製糸場／公益社団法人新潟県観光協会／小千谷市観光協会／佐渡観光協会／富山県観光連盟／石川県観光連盟／金沢市観光協会／福井県観光連盟／やまなし観光推進機構／JR東海／笛吹市観光物産連盟／信州・長野県観光協会／長野県川上村／国立天文台／岐阜県観光連盟／岐阜県高山市観光課／高山屋台保存会／静岡県観光協会／静岡県磐田市環境課／ヤマハ株式会社／愛知県観光協会／トヨタ自動車株式会社／弥富金魚漁業協同組合／コーヒーショップKAKO／JR東海リニア・鉄道館／トヨタ産業技術記念館／愛知県陶磁美術館／Kobe Luminarie O.C.／伊勢志摩観光コンベンション機構／四日市市／三重県観光連盟／伊勢神宮／株式会社モビリティランド 鈴鹿サーキット／（公社）びわこビジターズビューロー／株式会社近江兄弟社／京都市／京のふるさと産品協会／株式会社井筒八ッ橋本舗／京都市メディア支援センター／西陣織工業組合／天橋立観光協会／宇宙開発協同組合 SOHLA／日清食品ホールディングス株式会社／堺市博物館／大阪観光局／神戸国際観光コンベンション協会／兵庫県立大学西はりま天文台／明石市立天文科学館／兵庫県朝来市／明石観光協会／姫路市／一般財団法人奈良県ビジターズビューロー／東大寺／奈良県吉野町／奈良市観光協会／株式会社古梅園／奈良若草山観光振興会／和歌山県／大日本除虫菊株式会社／両備ホールディングス株式会社／鳥取県／島根県観光連盟／島根県西ノ島町／岡山県観光連盟／岡山県農林水産部水産課／広島県／株式会社ワタオカ／JA三原／山口県／山口県下関市／徳島県・徳島県観光協会／徳島LEDアートフェスティバル実行委員会／日和佐うみがめ博物館カレッタ／香川県観光協会／金刀比羅宮／香川県丸亀市／香川県観音寺市商工観光課／愛媛県観光物産協会／愛媛県今治市産業部観光課／愛媛県農林水産研究所果

樹研究センターみかん研究所／とさいぬパーク／(公財)高知県観光コンベンション協会／高知県水産振興部漁業振興課／高知県高知市／株式会社お雑煮やさん／宮崎市観光協会／福岡県観光連盟／福岡県福岡市／太宰府天満宮／株式会社ひよ子／佐賀県観光連盟／長崎県観光連盟／三菱重工業株式会社長崎造船所／天草宝島観光協会／熊本市くまもと工芸会館／熊本県山都町商工観光課／熊本県熊本市上下水道局経営企画課／熊本県阿蘇市観光まちづくり課／熊本県いぐさ・畳表活性化連絡協議会／八代市役所農業生産流通課／熊本県熊本市役所観光文化交流局観光振興課にぎわい推進室／大分県／みやざき観光コンベンション協会／宮崎県日向市産業経済部観光振興課／公益社団法人鹿児島県観光連盟／薩摩川内市教育委員会／沖縄観光コンベンションビューロー

参考資料

『イラスト地図でおぼえる47都道府県』（田部俊充監修／KKベストセラーズ）、『見て、学んで、力がつく！ こども日本地図』（永岡書店）、『楽しく学ぶ 小学生の地図帳 4・5・6年 最新版』（帝国書院）、『小学社会 5上下』（教育出版）、『数値地図500万（総合）日本とその周辺』（国土地理院）、各都道府県HP、各都道府県観光協会HP、国土地理院HP、総務省HP、農林水産省HP、経済産業省HP、外務省HP、内閣府HP、水産庁HP

監修　田部　俊充（たべ・としみつ）

1959年千葉県生まれ。東京学芸大学教育学部卒業。上越教育大学大学院修了。博士（総合社会文化）。現在、日本女子大学人間社会学部教育学科教授、日本女子大学教職教育開発センター所長、日本地理教育学会編集委員長。著書に、『社会科中学生の地理　世界のすがたと日本の国土』『中学校社会科地図』『楽しく学ぶ　小学生の地図帳』（以上3冊は全て共著　帝国書院）、『アメリカ地理教育成立史研究－モースとグッドリッチ－』（風間書房）など多数。

カバーデザイン　　　萩原弦一郎（256）
カバーイラスト　　　竜田麻衣
本文デザイン　　　　加納もえ
本文図版・イラスト　株式会社美工図
編集協力　　　　　　株式会社エディ・ワン

よくわかる！ 日本の都道府県 第2版

2015年1月14日　初版　第1刷発行
2020年11月6日　第2版第1刷発行

編　者　　ユーキャン地理歴史研究会

発行者　　品川　泰一

発行所　　株式会社ユーキャン 学び出版
　　　　　〒151-0053
　　　　　東京都渋谷区代々木1-11-1
　　　　　Tel.03-3378-2226

発売元　　株式会社自由国民社
　　　　　〒171-0033
　　　　　東京都豊島区高田3-10-11
　　　　　Tel.03-6233-0781（営業部）

印刷・製本　シナノ書籍印刷株式会社

正誤等の情報につきましては『生涯学習のユーキャン』ホームページ内、「法改正・追録情報」コーナーでご覧いただけます。
https://www.u-can.co.jp/book